AMRA

SUSANNE HIRSCH

SEMJASE

bringt

KOSMISCHE HEILUNG VON DEN PLEJADEN

Enthält zehn Meditationen!

Einleitung von Kuthumi,
Nachworte des Maha Chohan
und von Ashtar Sheran

AMRA

Besuchen Sie uns im Internet:
www.AmraVerlag.de

Ihre 80-Minuten-Gratis-CD erwartet Sie.
Unser Geschenk an Sie … einfach anfordern!

Eine Originalausgabe im AMRA Verlag
Auf der Reitbahn 8, D-63452 Hanau
Hotline: + 49 (0) 61 81 – 18 93 92
Service: Info@AmraVerlag.de

Herausgeber & Lektor	Michael Nagula
Einbandgestaltung	Guter Punkt
Layout & Satz	Birgit Letsch
Covermotiv	Josephine Wall
Druck	CPI books GmbH

ISBN Printausgabe 978-3-95447-418-9
ISBN eBook 978-3-95447-419-6

Auf die Liebe, die alles durchdringt,
was ist, war und je sein wird.

Das ganze Universum wird eins
im kosmischen All-Eins-Sein von allem,
was ist, war und je sein wird.

Seid bereit, die Reise zu gehen,
und seid achtsam mit eurem Herzen.

Lasst die Liebe herein und bahnt
das Neue Goldene Regenbogenzeitalter
des ultimativen Glücklichseins
für uns Alle.

Inhalt

Semjase ist etwa ein Meter siebzig groß und eine schlanke, hübsche Frau mit heller Haut, blauen Augen und hellblondem feinen Haar. Aufgrund ihres außergewöhnlichen Wissens, das sogar den Durchschnitt ihrer Heimatwelt übertrifft, hat sie den Rang einer halben »Königin der Weisheit« inne. Nachdem sie sich fünf Jahre auf der Erde befand, kommunizierte sie am 28. Januar 1975 erstmals mit Billy Meier, einem Schweizer Medium. Bis sie neun Jahre später physisch die Erde wieder verließ, war sie für den Kontakt im europäischen Raum zuständig und wurde zu einer der am besten unterrichteten Plejader in Bezug auf unsere Situation auf der Erde.

Liebe Leserinnen und Leser!

Mit Mitte Zwanzig hörte ich das erste Mal von Semjase. Ein Freund erzählte mir von ihr und zeigte mir ihr Bild. Danach dachte ich lange nicht mehr an sie. Jahre später bahnte Mutter Erde während eines Channelings unsere erneute Verschmelzung. Diese besonderen und sehr tief gehenden Zeilen unseres ersten »Wiederhörens«, die mich jedes Mal, wenn ich sie lese, bis in meinem innersten Kern berühren, stehen im Anschluss an meine einleitenden Worte. Die Erkenntnis der Wahrheit von Semjases Durchgaben, ihre Liebe und unsere gemeinsame Verbindung spüre ich bis heute in meinen Zellen. Semjase hat mir mittlerweile offenbart, dass wir Zwillingsseelen sind und seit jeher zusammen waren. Seitdem ist sie als meine Sternenschwester immer an meiner Seite.

Sie sagt, dass wir vom Blauen Planeten des Sirius kommen. Da Semjase über die Plejaden bekannt wurde, befragte ich sie dazu. Sie meinte, dass sie damals lange auf den Plejaden lebte und Mitglied im Ashtar-Kommando war. Die Lichtwesenheiten des Kommandos von Asthar Sheran passen auf die Erde auf und beschützen uns. Semjases Auftrag bestand seinerzeit darin, den Menschen zu zeigen, dass sie nicht allein sind. So nahm sie von den Plejaden aus Kontakt zu Billy Meier auf, der ihre UFO-Bilder veröffentlichte.

Unser gemeinsamer Heimatplanet ist jedoch Sirius. Semjase kann aber auch zu anderen Welten, Dimensionen und Universen reisen. Sie verglich Sirius mit dem Ort, an dem wir geboren sind, und die anderen Welten mit unseren verschiedenen Wohnorten.

Beim Schreiben reagierte ich sehr stark auf Semjases Worte und ging in einen intensiven Verschmelzungs- und Transformationsprozess. Wie gesagt, was sie mir mitteilte, berührte mich in meinem innersten Kern. In ihren Botschaften wiederholt sie bestimmte Worte und Zeilen ein ums andere Mal wie Mantren. Sie initiieren euren Aufstiegsprozess ins Licht. Und wenn ihr euch wandelt und euch dem Verschmelzungs- und Transformationsprozess hingebt, so wandelt ihr auch diese Welt. Von innen nach außen.

Semjases Auftrag ist es, als Kommunikationsoffizierin zwischen den Welten zu reisen und Verbindungen mit den kosmischen Lichtwesenheiten zu schaffen – als kosmische Botschafterin. In ihren Botschaften bahnt sie das kosmische All-Eins-Sein für uns alle. Ich freue mich sehr darüber und hoffe, dass das

Bewusstsein des All-Eins-Seins immer mehr zu uns kommen wird, so dass wir alle mehr Frieden, Liebe und Freude finden, in uns, mit uns und um uns herum, für die gesamte Menschheit und diesen wunderbaren Planeten Mutter Erde, den Initiationsplaneten des Aufstiegs für die gesamte Existenz. Und ich hoffe, dass wir mit Hilfe ihrer Durchgaben auch zurück zum kosmischen All-Eins-Sein finden, das schon immer in uns war und nun in der Tat gelebt werden will.

Licht & Liebe im Herzen

Susanne Hirsch

Mein Kontakt mit Semjase

Mutter Erde bahnt meine erneute Verbindung mit Semjase

»Deine Wurzeln sind tatsächlich im Sternenlicht. Im Licht des Blauen Sterns, wo Semjase und wo auch Sirius sich aufhalten. Wo auch Soltec [ein anderer Kommunikationsoffizier im Ashtar-Kommando] ursprünglich zu Hause ist.

Semjase ist die Mutter des Blauen Planeten. Ihre Wohnstätte waren einst die Plejaden, von denen sie kam, um sich auf der Erde mit Personen wie Billy Meier in Verbindung zu setzen [einem Schweizer UFO-Kontaktler, der Dutzende von Büchern über seine Begegnung mit Plejadern schrieb]. Um deutlich zu machen, dass es UFOs tatsächlich gibt. Dass wir über euch wachen, dass wir da sind. Allerdings sind die Plejaden dabei nur ein Stützpunkt von vielen.

Sirius ist Semjases Ursprungsplanet, und von dort aus wirkt sie im Hier und Jetzt. Sie wirkt mit dir. Sie wirkt durch dich. Sie ist dein Seelenstrahl. Sie ist deine göttliche Verbindung.

Sie ist deine Verbindung zur Einheit. Also nimm sie an zur Heilung deiner Selbst und aller anderen.«

Erster bewusster Kontakt mit Semjase

»Dies ist Semjase. Ich grüße dich, meine Schwester. Lange haben wir uns nicht mehr gesehen. Wir spielten auf dem Pfad der Tugend, dem goldenen Stern der Weisheit mit dem Ball der Unendlichkeit. Und das alles geschah auf unserem Heimatplaneten, dem Blauen Stern Sirius. Deshalb kennst du auch Soltec so gut, unseren guten Freund. Deshalb kannst du dermaßen leicht mit uns kommunizieren. Und deshalb kannst du dich auch so mühelos ausdrücken.«

Kuthumi wirkt als Aufgestiegener Meister auf dem gold-
gelben Farbstrahl der Weisheit und Erkenntnis. Er war inkar-
niert als Brahmane, Eingeweihter des höchsten Grades und
kam Mitte des neunzehnten Jahrhunderts nach Europa. Er
studierte in Oxford, Dublin und Leipzig und verbrachte auch
Zeit in Dresden, Würzburg und Nürnberg. Sein Auftrag war
es, den östlichen Buddhismus der westlichen Welt zugänglich
zu machen. Nachdem er das als gescheitert betrachtete, reiste
er nach Tibet und unterrichtete dort in einem Kloster seine
Schüler in der westlichen Welt über Lehrbriefe, von denen einige im Britischen Museum, London, ausgestellt sind.

Der größte Schatz für euren Aufstieg

Kuthumi spricht zu euch. Lasst los und lasst gehen, und euer ist das Himmelreich. Das ist oberste Prämisse und oberstes Gebot. Fließen lassen und fallen lassen. Auf zu neuen Wegen der Erkenntnis. Des Erkenntnisprozesses in euch, mit euch und um euch herum. Von allem was ist, war und je sein wird.

Viel Freude beim vorliegenden Buch. Es handelt vom All-Eins-Sein. Ein Code ist darin eingewoben, ein kosmisches Muster, das euch mit der All-Einheit in euch, mit euch und um euch herum verbindet. Was die Verschmelzung auslöst, die schon längst in die DNA eurer Zellen einprogrammiert wurde. Und diese aufschließt. Nach dem Schlüssel-Schloss-Prinzip. Dieser Code war lange versteckt, da ihr Menschen noch nicht bereit wart, als Gesamtheit die Erde zu tragen. Türen und Tore hatte Mutter Erde verschlossen aus Angst vor Missbrauch. Nun hat sich die Erde geöffnet, und Semjase, als Kommunikationsoffizierin und Repräsentantin des Universums, als kosmische Botschafterin, hat den Schlüssel aus anderen Dimensionen zu euch geholt und für euch eingesetzt.

Er ist im folgenden Buch enthalten und schließt für euch die bereits gespeicherten, aber noch verschlossenen Codes eurer DNA auf. Eure DNA wird sich auf Verschmelzung ausrichten, und das schon in euch angelegte, vorhandene Programm wird ablaufen und eure Zellen durch eure DNA neu programmieren. Auf Verschmelzung, Eins-Sein mit euch und allem, was ist, war, und je sein wird. Wie schön. Wie wunderbar und großartig. Dafür durfte Semjase den weisen kosmischen Rat bezirzen und seinen Vertretern sagen, dass die Menschheit nun so weit ist. Weil Mutter Erde sich gewandelt hat und an euch glaubt. Und weil ein gewisser Prozentsatz von euch bereit ist für Verschmelzung und bestimmte althergebrachte Systeme der Korruption und des Machtmissbrauchs nicht mehr fördert und unterstützt. So sieht es aus. Und so darf es sein. Immerdar und ewiglich.

Ich freue mich sehr und alle anderen Freunde im Kosmos mit euch. Durch die Verschmelzung der Moleküle in eurer DNA hat eine neue Initiation eurer Zellen begonnen. Die bisherigen Stränge lösen sich auf und kristallines, regenbogenfarbenes Licht geht hinein, das die Verschmelzung und das All-Eins-Sein mit allem, was ist, war und je sein wird, herbeiführt. Wie schön. Wie wunderbar und großartig. Ihr dürft verschmelzen und habt nun gar keine andere Möglichkeit mehr, als dies zu tun. Das Licht ist nun gebahnt und programmiert aufs All-Eins-Sein von allem was ist, war und je sein wird.

Also wundert euch nicht über etwaige Wiederholungen im vorliegenden Aufstiegsbuch, sondern genießt die Energie zwischen den Zeilen, die überwältigend ist und euch in andere

Dimensionen eures Seins bringt. Ganz einfach. Körperlich gebahnt. Weil ihr das so wolltet und weil das kosmische All-Eins-
Sein schon immer in euch angelegt war und ist, immerdar und
ewiglich. Also genießt den Prozess im vorliegenden Verschmel-
zungsbuch, das der Katalysator eurer ureigenen Heilung und
damit der Heilung aller ins Licht ist. Gebt euch der Energie
hin. Lasst euch hineinfallen und genießt.

Und wundert euch nicht über die starke Bewegung in euch,
die dieses wunderbare Buch zweifellos auslöst. Es ist ein großer Schatz für euren Aufstiegs- und ureigenen Transformationsprozess hin ins Licht, der das neue Zeitalter des Friedens,
des Lichts, der Liebe und Hingabe herbeiführt. Mit allem, was
ist, war und je sein wird. Seid achtsam. Geht bedächtig mit
den Worten um. Am besten, ihr sucht euch einen ruhigen Ort
und lest die einzelnen Kapitel abschnittsweise. Und nehmt
euch danach Zeit für euch, damit ihr dann ganz bewusst die
Wandlung eurer Zellen erspüren und die Verschmelzung eurer
DNA in euch fühlen könnt. Und das All-Eins-Sein von allem
was ist, war und je sein wird.

Genießt es. Passt auf euch auf. Und gebt euch den Worten
und der Energie dieses wunderbaren Buches hin. Es bringt
euch Weisheit und Erkenntnis. Viel Freude dabei!

In Liebe und Respekt vor der Göttlichkeit, der Quelle in
euch. Herabgestiegen aus dem Licht, um sich selbst zu erkennen
und wieder dem Licht hinzugeben. Wie wunderbar und großartig. Ach, ich liebe euch so sehr. Ich umarme euch und freue
mich schon darauf, euch in meine Arme schließen zu können,
wenn wir alle eins sind. Weil euch das nun ganz körperlich bewusst geworden ist und weiterhin bewusst wird. Weil ihr all das
nun ganz praktisch in euer Leben holen könnt.

Ich grüße euch, meine Schöpfergöttinnen und Schöpfergötter, die ihr gekommen seid, um diese Ebene zu wandeln und alles andere mit euch. Genießt es. Auf Wiedersehen im Licht der Erkenntnis, wer ihr wirklich seid und schon immer wart. Alles war schon längst in euch angelegt. Ich liebe euch und umarme euch, ihr wunderbaren Wesen, die ihr gekommen seid, um diese Ebene mit dem kosmischen, regenbogenfarbenkristallinen Licht der Verschmelzung zu durchfluten und zu durchströmen. Kristalllichtträger, die ihr seid und schon immer wart. Euer kristalliner Lichtkörper wird nun ganz praktisch durch die Dekodierung eurer DNA freigesetzt. Mit ihm könnt ihr auf dieser Ebene ganz anders fungieren, reisen und uns besuchen kommen. Dann gibt es wahrhaft keine Trennung mehr. Also, seid sehr aufmerksam und achtsam mit diesem Buch und gebt euch den Zeilen, der Lichtenergie und dem Transformationsprozess hin.

Auf Wiedersehen im Licht der Erkenntnis, wer ihr wahrhaft seid und schon immer wart.

Ich liebe, achte und schätze jeden Einzelnen von euch sehr, ihr Bahner des regenbogenfarbenen Lichtes von allem was ist, war und je sein wird. Genießt es.

Kuthumi sprach vom Licht der Erkenntnis aus dem Quell der Weisheit von allem was ist, war und je sein wird. Aus dem Brunnen der All-Einheit und des Eins-Seins mit allem, was ist, war und je sein wird. So sprach Kuthumi.

Botschaften und Meditationen aus dem Licht

Kosmisches All-Eins-Sein

Hallo, meine Freundinnen und Freunde,

lange ist es her, dass wir beieinander waren und uns gesehen haben. Und doch war ich, Semjase, niemals getrennt von euch und werde das auch niemals sein. Wir alle sind eins. Wir alle schwingen miteinander, füreinander, immerdar. Und alles andere, was euch die Medien vorgaukeln, das ständige Hin und Her, das ständige Werten, ist nichts als der Versuch der Trennung. Aber noch einmal: Ihr seid nicht getrennt und wart es auch niemals. Also öffnet eure Herzen und spürt über eure Gefühle, was wahr ist und was unwahr ist.

Die wahrhaftige Wahrheit herauszufinden ist sehr wichtig für euch, meine Freunde. Je mehr ihr euch für eure Gefühle öffnet, desto mehr verbindet ihr euch mit eurer Seelenessenz, mit eurer ureigenen Göttlichkeit. Und all das auf dem wunderschönen Planeten Erde, der eure Heimstatt ist. Der eure ureigene Lernfläche ist.

Hier wollt ihr eure Erfahrungen machen. Hier wollt ihr euch erkennen. Hier wollt ihr erkennen, dass ihr Schöpfergötter seid und schon immer wart. Also lasst los und lasst fließen und euer ist das Himmelreich.

Hört auf, eure Prozesse zu bewerten und euch dadurch von eurem Wachstum abzutrennen. Das gilt nicht nur für euch, sondern für die ganze Menschheit und euren wunderbaren Planeten, der euch trägt und für euch sorgt. Eure Mutter Erde. Ihr alle seid verbunden. Mit ihr verbunden. Miteinander verbunden. Im All-Eins-Sein. Immer und ewiglich. Lasst euch fallen in den ureigenen Fluss eures Lebens, ich bitte euch.

Ihr seid die Initiatoren des Aufstiegs. Ihr seid die Schöpfergötter, die in diesem Moment beschlossen haben, hier auf der Erde Fuß zu fassen und sich zu verankern, um durch euer Wirken und Wandeln mit allen Menschen gemeinsam diese Ebene zu transformieren. Und so mit Mutter Erde und eurer ureigenen Göttlichkeit zu verschmelzen, dass diese Erde den Aufstieg herbeiführt und einleitet. Und zwar für alle anderen Planeten, alle anderen Himmelskörper. Für alles, was ist, war, je existiert hat und sein wird. Immer und ewiglich. Das habt ihr schon beschlossen, als ihr auf Wolke Sieben saßt und hierherkommen wolltet als Vorreiter einer Neuen Zeit. Als Glockenertöner, Frequenzschwinger und Initiator der neuen Welt, der neuen Erde. Des All-Eins-Seins von allem was ist, war und je sein wird.

Ihr seid also wichtig. Wichtig seid ihr und eure Entwicklung dient allem, was ist. Unterschätzt eure Entwicklung nicht! Ihr dürft in eure ureigene Freiheit und Göttlichkeit gehen. Immer und ewiglich. Und ihr seid nicht nur miteinander verbunden, sondern auch verbunden mit allen Welten, allen Universen. Mit der Unendlichkeit. Mit der Zentralsonne Alpha Centauri, wo ihr alle herkommt und wo ihr mit allen Wesen der Schöpfung vereinbart habt, wieder zurückzukehren zu ihr. Wieder einzukehren in die goldene Kugel der All-Einheit, des All-Eins-Seins in euch, mit euch und allen. Wo sich der Kreis schließt. Dann hat das Experiment des größten Abstiegs auf dieser Ebene, um größtmögliche Wandlung und Energie beim Aufstieg für alle anderen zu erzeugen, Früchte getragen. Und ihr alle, Vorreiter, die ihr seid, habt dazu laut »Hier!« geschrien. »Wir wollen dabei sein! Wir wollen aus der Zerstörung, aus der größtmöglichen Trennung, in die Einheit gehen!« In das Eins-Sein von allem was ist, war und je sein wird. Verschmelzung statt Trennung. Frieden, Liebe, Freude und Verschmelzung statt Trennung und Unfrieden.

Ich sage euch heute: Jeder von euch kann daran teilhaben und hat schon immer geplant, daran teilzuhaben. Immer und ewiglich. Also lasst los und lasst gehen und euer ist das Himmelreich. Wundert euch nicht über die Herausforderungen, die tagtäglich zu euch kommen. Die vor euren Füßen liegen, um gewandelt zu werden ins goldene Licht der All-Einheit und Erkenntnis, Schöpfergötter, die ihr seid!

Nehmt alles an und holt es dadurch zu euch. Macht es euch zu eigen. Um so einfacher wird es für euch sein, diese tiefe dreidimensionale Materie zu durchdringen und in andere Ebenen des Seins einzugehen. Einzukehren in die Unendlichkeit. Ins unendliche Licht der All-Einheit und Schöpferkraft. Und zwar gemeinsam mit Mutter Erde. Mit der Erde als Aufstiegsplanet. Auch sie hat sich dafür zur Verfügung gestellt. Auch sie hat all die Schmerzen, die die Abspaltung vom Eins-Sein mit sich brachte, ertragen und getragen. Und sie war sehr traurig darüber, wie die Menschen sie behandelt und missbraucht haben. Doch dann hat sie ihr Innerstes nach außen gekehrt und sich der Welt gezeigt, offenbart, die kristallinen Städte von Innererde geöffnet für die Menschen und sie damit neu angeschlossen ans göttliche Licht.

All das wurde schon lange im Voraus geplant. Immer wieder hat es in eurer Geschichte Versuche gegeben, in die Einheit zu gehen. In Lemurien und Atlantis zum Beispiel. Ihr habt es nicht geschafft, aber jetzt könnt ihr es schaffen, und darüber bin ich sehr froh. Die Energie der neuen Erde steht bereit für das ultimative All-Eins-Sein. Mutter Erde hat Türen und Tore dafür geöffnet. Ihr könnt nun nach Innererde reisen und wohin auch immer ihr wollt. Die Kristalltore des ultimativen Lichtes der Einheit, des All-Eins-Seins, sind für euch geöffnet worden. Mutter Erde hat sich dazu bereit erklärt.

Zuvor war alles verschlossen. Das alte Wissen, die Schwingung, aus Angst vor Missbrauch, hielten es versiegelt. Doch jetzt hat die Erde sich bereit erklärt, sich zu öffnen und damit die Menschen neu zu öffnen, denn es sind genug Menschen auf der Reise und bereits offen.

Deshalb hat sie es getan. Und nun werden wir sehen, wie viele aus der Trennung hinausgehen und einkehren ins Licht. Aus dieser Trennung, die euch tagtäglich vorgegaukelt wird und im Grunde doch gar keine ist.

Ihr könnt nicht anders, als zu verschmelzen und Liebe zu geben! Das ist euer Geburtsrecht. So ist es dort, wo ihr herkommt. Also lasst los und lasst gehen und euer ist das Himmelreich, das in euch liegt und das niemals verloren war. Kehrt ein in die Ewigkeit, in die Unendlichkeit. In den ewigen Raum zwischen den Welten, wo ihr alle herkommt. Werft euch in den Fluss eures Lebens in dem Wissen, dass ihr lernen wollt. Nicht mehr und nicht weniger.

Ihr wollt lernen, euch zu fühlen, euch zu verstehen, und zwar mit dem Herzen. Euren Kopf klemmt ihr unter den Arm und streichelt ihn, wenn er wieder einmal alles analysieren und sezieren will. Dann schmunzelt ihr ein bisschen über ihn und geht eine Etage höher, zu euren Sternenseelenwesen, und dann eine Etage tiefer in euer Herzchakra hinein, den Sitz eurer Seele, eurer Seelenessenz.

Lasst euch nicht unterkriegen! Alles, was euch widerfährt, habt ihr zu hundert Prozent selbst so gewollt. Ihr seid die Schöpfergötter, die diese Ebene wandeln wollen. Die aufsteigen wollen. Miteinander. Füreinander. Am meisten für euch selbst. Also geht auch miteinander vorwärts.

Keine Trennung mehr! Noch einmal: Alles ist Schwingung und darf geeint werden. Darf ins unendliche Eins-Sein gehen. Alles, was ist, war und je sein wird.

Und wenn ihr euch jetzt fragt, warum der Prozess des sich Abspaltens überhaupt nötig war, das Trennungsexperiment, dann sage ich euch, *weil ihr das so wolltet.* Weil die gesamte Existenz das so wollte, um auf eine neue Art und Weise einzukehren ins Himmelreich. Um die gesamte Existenz auf eine andere Ebene ihres Daseins zu bringen.

Also, wichtig, wichtig, wichtig seid ihr, Schöpfergötter und Initiatoren der Neuen Zeit, in der Eins-Sein, Frieden und Freude auf diesem Planeten und im gesamten Universum herrschen werden und herrschen können. Ihr habt es in der Hand. Immer und ewiglich.

Auf Wiedersehen, meine Schönen. Kehrt ein in das Himmelreich, aus dem ihr kommt. Zu dem ihr hinwollt. Und wisst ihr was? Das Himmelreich ist schon längst in euch. Es ist schon lange, lange in euch. Immer und ewiglich. Also lasst

los und lasst fließen und werft euch hinein in euren ureigenen göttlichen Fluss. Trennt euch von nichts und niemandem
mehr ab, in dem Wissen, dass ihr Schöpfergötter seid. Und
hört auf, eure Prozesse und die Prozesse der anderen so streng
zu beurteilen und zu verurteilen. Liebe und Achtsamkeit sind
gefragt. Ihr seid gefragt, auf euch aufzupassen und auf die
anderen dazu. Verurteilt sie nicht. Auch sie befinden sich in
intensiven Transformationsprozessen, genau wie ihr. Auch sie
wollen sich neu finden und erfinden, wie diese ganze Ebene,
und auf neue Art und Weise ins Licht eingehen. Auch sie
machen ihren ureigenen Transformationsprozess durch, gemäß dem, was sie sich vorgenommen haben. Und weil ihr
alle unterschiedlich seid, ein Riesenspektrum an unterschiedlichen Lichtfrequenzen, quasi kristallines regenbogenfarbenes
Licht, gespiegelt in eurer DNA, habt ihr unterschiedliche
Aufgaben des Wandels übernommen. Der eine hier, der andere da. Multikulti sozusagen. So bunt, wie ihr seid. So schil-
lernd und farbenfroh. Also lasst den anderen ihre Farben, ihre
Transformationsprozesse, und kümmert euch um euch. Hört
auf, die anderen ständig zu verurteilen. Sie spiegeln euch eure
ureigene Verurteilung. Damit ihr eure Göttlichkeit nicht so
leben könnt, wie ihr wollt.

Und ich sage euch: Schließt endlich Frieden mit euch, in
euch und um euch herum. Dann braucht ihr nicht mehr zu
urteilen, euch abzuspalten und euch damit wichtig zu machen. Ihr seid dann getrennt. Wie innen so außen. Je mehr
ihr eure wahre wahrhafte Wichtigkeit und eure Anbindung
an eure ureigene Göttlichkeit wahrnehmt, spürt und eure
Herzen für euch öffnet, desto mehr könnt ihr das auch für
alle anderen tun.

Der Weg ins Licht ist damit gebahnt!

Ich freue mich, ihr Sternenbrüder und Sternenschwestern, dass ihr auf diesen Planeten gekommen seid, um diese Ebene zu wandeln, indem ihr euch wandelt ins Licht. Lasst uns gemeinsam einkehren ins goldene Licht der Unendlichkeit und auf der Regenbogenbrücke ins All-Eins-Sein wandern. Wo alle Farben eins sind und da sein dürfen. Wo es keine Trennung mehr gibt. Niemals. Nimmermehr.

Ich grüße euch bei diesem Gedanken. Ich liebe euch unendlich. Semjase sprach aus dem Licht der Erkenntnis, direkt vom Planeten der Weisheit, wo das kosmische Sternenlicht als Wasserfall fließt, funkelt, kristallin und strahlend. Überschäumend. Seid achtsam und passt auf euch auf. Und passt auf das Miteinander mit euren Gefährten in eurer ureigenen und gleichzeitig gemeinsamen Reise ins Licht auf.

Ich grüße euch von Herzen. Ich liebe euch unendlich. Semjase spricht zu euch. Von Stern zu Stern. Von Seele zu Seele. Von Essenz zu Essenz. Vom Weisheitsplaneten zu den Schöpfergöttern des Planeten Erde. Genießt es, meine Freundinnen und Freunde. Passt auf euch auf. Macht es gut, was immer ihr vermögt. Badet im Sternenlicht der Erkenntnis in euch, mit euch und um euch herum. Spürt euch in jedem Augenblick, dann wisst ihr, was ihr auf welche Weise tun wollt auf dieser Ebene. In eurem Alltag. Und lasst das Schöpferwissen in euren Alltag fließen. Ich bitte euch. Dadurch habt ihr es so viel leichter. So könnt ihr die Herausforderungen ganz anders annehmen und umarmen und zu euch holen. So werden sie zu Freunden, die euch umarmen, von dannen ziehen und in die Einheit gehen. In die kosmische All-Einheit. Durch die Sternentore.

Ihr alle bahnt eine wundervolle Zeit. Mutter Erde wird der Katalysator und Transformator dafür sein.

Ihr Geliebten, auf Wiedersehen. Wir treffen uns zwischen den Sternen, auf Alpha Centauri oder wo auch immer ihr wollt. Vergesst euer kosmisches Licht und die Verbindung zu den Sternen nicht. Ich bitte euch. Seid gesegnet.

Kosmisches Erwachen

Meine Freundinnen und Freunde,

heute will ich, Semjase, euch vom kosmischen Erwachen erzählen. Das sieht so ganz anders aus, als ihr meint. Ihr seid
Seelengefährten. Ihr lernt miteinander. Ihr seid nicht getrennt
vom Kosmos und wart es auch niemals. Schwingt und lebt
mit dem, was ist. Was in eurem Leben zu euch kommt. Und
dann wisst, dass alles miteinander verbunden ist.

Alles schwingt, alles ist gleich. Alles ist Schwingung. Seht die
Schönheit der Schöpfung, die ihr seid, immerdar und ewiglich.
Erst wenn ihr eure eigene Schönheit und Göttlichkeit anerkennen, akzeptieren und respektieren könnt, wenn ihr in Liebe,
Demut und Dankbarkeit vor eurem göttlichen Sein und eurer
ureigenen Schöpferkraft euer Haupt neigen könnt, werdet ihr
eingehen in die Einheit. In die All-Einheit mit allem, was ist.
Erst dann werdet ihr die großen Zusammenhänge verstehen
und erkennen, wie die Welt wirklich und wahrhaft funktioniert. Was sie im Innersten zusammenhält. Dann erlebt ihr
keine Trennung mehr, nur weil einer euch sagt: »Erlebe Tren-

nung.« Dann werdet ihr Frieden schließen. Dann werdet ihr spüren, was wahrhaft wichtig für euch ist, weil ihr eure Herzen euch und den anderen geöffnet habt. Und dann erkennt ihr die Wahrheit hinter den Worten.

Ihr geht dann ins Eins-Sein mit allem, was ist. Ihr verurteilt nicht mehr vorschnell, sondern schaut den anderen Menschen vorurteilsfrei an im Licht der Erkenntnis, dass ihr frei seid in euren Entscheidungen. Dass ihr das Eins-Sein in euer Leben holen dürft. Ihr für euch. Und dass ihr damit das Eins-Sein für alle auf diesem Planeten herbeiführt und für die Erde. Und für alles andere auch. Universell. Existenziell. Wie schön. Großartig. Seid sehr achtsam in eurem Tun, denn es hat Auswirkungen auf alles, was ist, war und je sein wird.

Ich liebe euch so sehr. Ich achte und schätze euch so sehr, ihr Vorreiter der Neuen Zeit. Ihr Vorreiter des goldenen Zeitalters der Regenbogenbrücke hin ins Licht. In die All-Einheit hinein. Liebt euch, schätzt euch, ehrt euch und euer Sein in Liebe, Dankbarkeit, Demut und Hingabe. Hört auf, so streng mit euch zu sein und auf die anderen zu hören. Habt Verständnis für eure Lernerfahrungen, die ja eure scheinbaren Fehler sind und das Potenzial eurer Probleme beinhalten. Fahrt eure Messlatten herunter.

Hört endlich auf, euch unter Druck zu setzen, und freut euch des Lebens. Ja, freut euch, springt herum, lacht und tanzt in die All-Einheit hinein. In euer ureigenes Eins-Sein mit allem, was ist, war und je sein wird.

Kosmische Verbindungen und Freundschaften

Ach, ihr Lieben und Allerliebsten,

ihr seid alle miteinander verbunden. Das ist klar und ihr wisst es nun. Ihr seid nicht nur mit allen Menschen auf dieser Erde verbunden, sondern mit allem, was schwingt und lebt. Daher könnt ihr auch überall hinreisen, wenn ihr es wollt. Ihr könnt mich hier auf meinem Heimatplaneten auf Sirius besuchen kommen. Ihr könnt mit mir springen, tanzen, lachen und euch an uns erfreuen. Und diese Entspanntheit wieder auf die Erde, in eure Welt, in euren Alltag bringen und in das Eins-Sein in euch und es mit euch und um euch herum leben.

Was ich damit sagen will: Ihr könnt mit eurem Ätherkörper überall hinreisen, wohin auch immer ihr wollt. Gebt eure Beschränkungen und Begrenzungen, eure alten Urteile und Wertvorstellungen, die euer Kopf euch noch vorgaukelt, auf. Werdet weich, werdet flexibel und anschmiegsam. Tretet aus eurem Körper und dem scheinbaren Gefängnis der Dreidimensionalität heraus und reist überall hin, wohin ihr wollt. Reist zu den Sternen, zu euren Sternenfreunden. Trefft eure Seelenschwestern und Seelenbrüder auf allen Planeten, wohin immer ihr gerade wollt. Oder reist nach Innererde. Trefft die Drachen, die Feen, die Sphinxen, die Einhörner, die Elfen. Wohin auch immer ihr wollt.

Und wenn ihr in einer bestimmten Frequenz der inneren Anbindung und Freiheit seid, dann könnt ihr das alles sogar wahrnehmen. Die Tempel der Schöpfung und Weisheit, die Tempel des Wissens und der All-Einheit, die überall um euren wunderbaren Heimatplaneten herum sind. Sie alle sind dann für euch wahrnehmbar. Ihr könnt sie mit bloßem Auge sehen. Da könnt ihr euch eine Hängematte aus kosmischem regenbogenfarben-kristallinen Licht hinbauen und ein Nickerchen machen. Ihr seid nicht begrenzt. Ihr seid nicht auf dieser Ebene gefangen. Euer Kopf will euch das nur vorgaukeln. Das ist aber gar nicht so.

Öffnet eure Herzen! Öffnet euch für das strahlende Licht, das ihr seid, und nehmt Verbindung zu allem auf, was ist, war und je sein wird. Und ich sage das deshalb so, weil es das Raum-Zeit-Gefüge, das ihr kennt und immerzu anerkennt und als Realität in eurem Leben verankert habt, so gar nicht gibt. Befreit euch aus dem alten Denken eures dreidimensionalen Käfigs und geht hoch erhobenen Hauptes in eure ureigene Freiheit und Göttlichkeit hinein. Hoch lebe der Mensch, der mit sich und allem, was ist, verschmelzen kann. Auch die Zeit kann und wird sich euch immer mehr beugen, wenn ihr das wollt und anfangt, an eure göttlichen Kräfte zu glauben. Also lasst euch nichts mehr vorschreiben und diktieren. Findet heraus, wie ihr das selbst machen könnt. Ich zeige euch wie. Glaubt an euch, an eure Größe und Verbindung zu allem, was ist.

Liebt das, was da ist. Das ist die Voraussetzung für euer Tun auf allen Welten, die gleichzeitig sind mit allem, was ist. Hört auf zu jammern und zu klagen und tut. Es gibt Hoffnung. Es gibt ganz praktische Lösungen. Reist. Reist in die Unendlichkeit hinein. Dann werdet ihr euch auch eurer Größe und Schöpferkraft bewusst.

Ich liebe euch und ich segne euch. Semjase spricht vom Baum der Erkenntnis der Schöpfung von allem was ist, war und je sein wird. Auf Wiedersehen sagt sie euch im Angesicht der Erkenntnis, was ihr wirklich seid. Lasst es euch gut ergehen. Liebt, achtet und respektiert euch. Hört auf, so streng mit euch zu sein. Fahrt eure Messlatten, eure Vorstellungen von euch selbst herunter und erlaubt euch, so zu sein, wie ihr seid. Wunderbare göttliche Wesen, die sich im Angesicht der Erkenntnis auf dem Weg ins goldene Regenbogenzeitalter des Lichtes selber kennen und schätzen lernen wollen, um so in das goldene Licht der All-Einheit, des Eins-Seins von allem was ist, war und je sein wird, einzugehen. Ich liebe euch unendlich. Immerdar und ewiglich.

Kosmisches Erwachen 1

Hallo, meine lieben und treuen Schöpfergötter,

ich hoffe, ihr passt gut auf euch auf? Lasst euch nicht rausbringen von allen anderen, die meinen, dass alles so schlimm und unüberwindbar ist. Ihr seid Schöpfergöttinnen und Schöpfergötter. Ihr könnt auf dem Weg ins Licht alles überwinden, was sich euch scheinbar in den Weg stellt. Indem ihr es umarmt und wisst, dass ihr das genau so wollt, weil ihr gerade wachsen wollt. Über euch selbst hinaus – und eure Göttlichkeit anerkennen. So sieht es aus.

Also, wie könnt ihr denn nun ganz praktisch erreichen, dass sich eure Zellen hin ins Licht begeben?

 *Meditation*

Begib dich an einen ruhigen, stillen Ort, hinaus aus deinem hektischen Alltagstreiben und in die Stille hinein. Mit dir. In dir. Und um dich herum. Überall darf Stille sein. Kehre ein und findet deine Essenz.

Gehe in dein Herz. Lass die kreisenden Gedanken los und komm ins Gefühl. Fühle dich in diesem Moment. Alles, was du bist. Dass du atmest. Dass du lebst. Was du wirklich für dich in diesem Leben willst. Was du nicht mehr in deinem Leben willst. Willst du dich weiterhin schelten oder behutsam mit dir umgehen?

Jetzt streiche dir sanft übers Haupt und höre dir zu, wie du auch einem Kind zuhören würdest. Was dein Herz, deine Seelenessenz, dir zu sagen hat. Atme dabei tief ein und aus und lass all den Druck und die Gedanken gehen, die noch auf dir lasten. Erschaffe dir den geistigen Freiraum, in den deine Seelenessenz einfließen kann. Nun spüre die Ruhe, den Frieden und die Freude darüber, dass du dich einfach so sein lassen kannst, wie du bist, und du dich als göttliches Geschenk dieser Existenz annehmen kannst. Berühre dich. Streichele dich. Hole die Zärtlichkeit und das Verständnis für dich zu dir.

Dann atme dein göttliches, regenbogenfarben strahlendes Licht der Erkenntnis ein und allen restlichen Druck aus. Du atmest Liebe, Respekt und Achtsamkeit ein und alles, was dich noch belastet, aus. Bis du frei bist und dir gestattest, einfach hier zu sein und zu leben und zu wandeln. Du spürst das Vibrieren deiner Zellen, das strömende Fließen deines Geistes in der Allverbundenheit mit allem, was ist, war und je sein wird. In diesem Zustand kannst du überall hinreisen, wohin auch immer du willst. Jetzt bist du nicht mehr so tief und fest mit dieser Ebene verankert und in der Allverbundenheit. Genieße es.

Dann kommst du wieder zurück auf die Erde mit all den tollen neuen Lernerfahrungen deiner Großartigkeit und Allverbundenheit mit allen Dimensionen und Wesen. Kehre ein in deine Heimstatt, deinen Körper, der dich liebt, beschützt und dich trägt. Genau, wie das Mutter Erde auch tut. Verbinde dich mit Innererde. Streichele dich noch ein Weilchen, und bringe die gerade gemachten Erkenntnisse in dein Leben hinein. Dann kommst du zurück und genießt diese Ebene und dein Sein in dem Wissen, was dein eigentlicher Auftrag ist, nämlich Licht auf diese Ebene zu holen. Und gleichzeitig in dem Wissen der Allverbundenheit, dass du jederzeit und überall hinreisen und dank deines Ätherkörpers mit allen Wesen reden, verschmelzen und dich in alle Lichttempel und Dimensionen begeben kannst.

Ein Hoch auf die Freiheit, auf eure ureigene Freiheit, in die ihr erhobenen Hauptes und stolzen Schrittes gehen und einkehren dürft. Auf Wiedersehen im Licht der Erkenntnis, wer ihr wirklich seid, wart und je sein werdet.

Ich liebe euch unendlich und immerdar, unglaublich große Schätze, die ihr seid.

Kosmisches Verstehen

Meine lieben Freundinnen und Freunde,

Semjase spricht vom kosmischen Verstehen. Die Verbindung zur All-Einheit besteht also, sie ist gesetzt und für euch vorprogrammiert. Ja, ihr habt euch auf Einheit programmiert. Und schaut, was ihr macht in euch, mit euch, und was in dieser Welt so alles passiert. Trennung und Abspaltung. Die frohe Botschaft ist: Das könnt ihr ändern, jeder Einzelne von euch. Wie innen, so außen. Nicht anders herum. Also erwartet nicht, dass sich die Welt ändert, sondern blüht auf im Licht der Erkenntnis, dass alles Eins ist, war und jemals sein wird, wenn ihr euch selber wandelt und eure Lernerfahrungen dazu nutzt, mit euch und in euch in Einheit zu gehen, und sie nicht länger gegen euch richtet.

Wie behandelt ihr euch? Wie behandelt ihr alle anderen? Diese Welt wird sich wandeln. Ich verspreche es euch. Ihr steht auf, steht für euch ein und seid friedlich. Und wenn das ein gewisser Prozentsatz auf dieser Welt tut, auf dieser wunderschönen Erde, die eure Heimstatt ist und euch in Demut und

Dankbarkeit für dieses Trennungsexperiment trägt, dann wird sich diese Welt verändern. Also lasst los und lasst gehen die alten Wertvorstellungen und holt die jetzigen zu euch. Bleibt in der Flexibilität, jederzeit offen für Neues. Seid begeistert von dem, was ihr schöpft und schafft! Klopft euch zwischendurch auch mal auf die Schulter.

Das ist so enorm wichtig! Seid stolz auf euch!

Gut, der erste Schritt der Selbsterkenntnis und der Verbundenheit mit allem ist geschafft. Wie genau wollt ihr das alles tun? Und was ist mit der Welt eigentlich los?

Die Welt, eure Welt, spiegelt euch die Trennung in euch wider. So einfach ist das. Ja, schaut, dass ihr in die Einheit geht, und die Menschen und diese Welt werden sich wandeln, weil ihr ein Initiator der Neuen Zeit seid und die neue Phase des All-Eins-Seins mit initiiert. Werdet zum Vorreiter des Lichts! Holt das Licht auf diese Ebene, so wie es von der Existenz selbst geplant war, immer und ewiglich.

Das Trennungs-Gen dieser Welt darf verschmelzen, sich wandeln und in eurem Licht baden! Werdet wieder zu den Schöpfergöttern, die ihr seid. Nehmt das Zepter in die Hand. Badet im Licht der Erkenntnis, wer ihr seid und woher ihr kommt. So einfach ist das.

Und jetzt werdet ihr mich fragen: »Aber wie finde ich denn den Weg nach Hause? Wie finde ich zu mir selbst und meiner göttlichen Essenz zurück?« Ich sage euch wie: Indem ihr anerkennt, dass ihr alle Geschöpfe aus göttlicher Quelle und miteinander verbunden seid. Dass ihr aus dem Licht kommt und wieder ins Licht gehen werdet. Egal, was geschieht. Egal, was passiert. Immer und ewiglich. Also lasst los und lasst gehen und euer ist das Himmelreich.

Nun denn: Hier sind einige Übungen, um dich selbst zu erkennen, den Gott in dir zu finden, ihn kennen und lieben zu lernen und mit ihm zu verschmelzen.

Setze dich an einen stillen Ort. Bade in der Erkenntnis, dass dir nichts geschehen kann, was du nicht wirklich willst. Dein Wille geschieht immer und überall. Von überall her werden jetzt die Erkenntnisse zu dir strömen, und auch das Wissen darüber, was du bereits getan hast, tun willst und noch tun wirst. Deine Gedanken werden wieder Sprünge machen und alles bewerten und analysieren wollen. All das umarmst du zärtlich, wie du ein kleines Kind umarmen würdest. Dann lässt du all das los, was dich belastet. All das, was noch nicht getan ist, was deiner Hunderttausendprozentigkeit noch nicht entspricht. Und kehre ein ins Himmelreich der Ruhe und des Friedens in dir. Mit dir. Hier wirst du plötzlich Lösungen für all deine großen Probleme finden, die Herausforderungen zum Lernen sind. Dann wirst du wissen, was sich hinter dem Vorhang der Trennung befindet, deiner Trennung von dir selbst. Vorhang auf. Hurra! Da bin ich ja! Und so schön bin ich, gemacht aus dem goldenen Licht der Erkenntnis der Schöpfung.

Den ganzen Ballast wirfst du weg. Und zwar durch deine Füße hindurch zu Mutter Erde nach Innererde. Dort wartet das Licht schon darauf, alles zu verschmelzen und aufzulösen. Im goldenen Licht der Erkenntnis und des Wandels und der absoluten Hingabe an das, was Mutter Erde in sich trägt. Sie verdaut es und spuckt es wieder aus als goldenes Licht. All deine Ängste, Zweifel, Nöte und Ansprüche an dich selbst. Alles, was scheinbar nicht in Ordnung ist, aber den kostbaren Weg deines Wandels beinhaltet. Und wenn du den nicht länger so streng bewerten würdest, könntest du den Weg, deinen ureigenen Weg, auch viel gelassener gehen und besinnlich vorwärts schreiten. In der Erkenntnis, wer du wirklich bist und was du von dir und mit dir in deinem Leben willst.

Kehre ein in das Himmelreich neuer Erkenntnisse. Der Erkenntnisse, dass du mit allem verbunden bist, was ist, war und je sein wird. Mutter Erde nimmt alles auf, vorurteilsfrei und voller Liebe. Sie umarmt alles in ihrem kristallinen Energiefeld. Die DNA von Innererde, die Speicherkristalle aus Arkansas, das Zentrum, das kosmische Herz von Innererde sind verschmolzen und haben die Energie der Verschmelzung an dich abgegeben.

Jetzt hast du es noch einfacher, endgültigen Frieden und Gelassenheit in dir zu finden. Immerdar und ewiglich. Mit dir. In dir. Auf immer und ewig. Tauche ein in die Welt von Innererde, in der es keine Trennung mehr gibt. Die Wege sind gebahnt. Tauche ein in das goldene Licht der Erkenntnis, dass du nicht getrennt bist und es auch niemals warst. Und dann bade im goldenen regenbogenfarbenen Sonnenlicht mitten in Innererde! Dieses Gefühl der Hingabe und der Verschmelzung mit dir und mit allem, was ist, war und je sein wird, holst du ganz tief in dich hinein, in deine Zellen hinein und programmiert damit deine DNA neu. Wunderbar!

Du sitzt an einem stillen Ort, an deinem Fleckchen Erde, und programmierst dich selbst neu. Programmiere deine DNA neu. Auf Frieden, Verschmelzung, Liebe und Freude. Demütig und dankbar neigst du dein Haupt zu Mutter Erde, wie sie das zuvor für dich getan hast. Gib alles ab. Gib ab, was dich belastet. Gib dich der goldenen Essenz hin, deiner goldenen Essenz, dem Licht deines Daseins, deiner göttlichen Essenz, den kristallinen, regenbogenfarbenen Strängen in deiner DNA – *und kodiere dich neu*. Einfach so. Weil es so viel einfacher ist, als du immer noch meinst. Ausatmen nach Innererde, dann atmest du Frieden, Liebe und Licht ein. Ganz einfach. So läuft das.

Und wenn du das getan hast und ganz nahe bei dir bist, dann spüre dich und hole dieses Gefühl der Demut, Entspanntheit, des Friedens und der Gelassenheit ganz tief zu dir, in deine Zellen hinein. Programmiere dich komplett neu, in Verbindung mit dem Herzen von Innererde, mit den kristallinen Kammern von Innererde, die nur darauf warten, mit dir zu verschmelzen, und die diesen Prozess, den du jetzt durchlaufen wirst, selbst schon durchlaufen haben. In absoluter Hingabe an das Licht, das Mutter Erde ist. An deine Heimstatt, die dich trägt, für dich sorgt und mit dir verschmilzt. Immerdar und ewiglich. Für immer und ewig.

Dann naschst du vom Baum der Erkenntnis, indem du mich auf dem goldenen Planeten der Weisheit besuchen kommst. Aus diesem Gefühl heraus, getragen von der kristallinen Energie, vom Kristallfeld der Innererde, kannst du jetzt überall hinreisen, wohin du auch willst, und deine Sternengeschwister besuchen. Mit deinem Energiekörper. Mit deinem Ätherkörper. Immerdar und ewiglich. Reise zwischen den Welten, wo nichts ist und alles auf dich wartet. Lass dich fallen in dich, mit dir, so wie es Mutter Erde getan hat, und reise kraft deines Willens ins Universum.

Einfach so. Weil du es willst. Kodiere dich neu mit Hilfe von Mutter Erde. Auf Verschmelzung. Aus der Trennung in die Einheit. So funktioniert das.

Und dann wandelt sich auch das Außen. Deine eigene Welt und die Welt der anderen. Weil du das Licht bahnst. Weil du Träger des Lichts und der neuen Frequenz von Innererde bist und deine neue kodierte DNA in dir und mit dir trägst. Mit dieser Frequenz wirst du allen einen Anstoß geben, sich zu transformieren. Deine DNA hat sich Innererde hingegeben, wie sie zuvor sich selbst hingegeben hat. Und nun bist du ein Vorreiter des neuen goldenen Zeitalters, in dem du die Wege selbst bahnst. Mit dir, in dir, für alle anderen. Die kristallinen Stränge deiner DNA, die brach lagen, aber in dir angelegt sind, verschmelzen mit Mutter Erde, ihrem innersten Herzen, nun erneuert. Du verschmilzt mit dir und in dir. Und das gibst du an die ganze Menschheit weiter. Immerdar und ewiglich. Auf dass wir alle einkehren ins goldene Licht der absoluten Hingabe und Erkenntnis, was wir sind und woher wir kommen. Immerdar und ewiglich. Der Weg ins

Licht ist gebahnt. Die Wege sind gelegt. In dir. Mit dir. Und mit der gesamten Existenz.

Jetzt darfst du dein stilles Plätzchen mit dem Frieden in dir verlassen, mit dem Frieden für alle anderen und in deinem Alltag, ganz praktisch, und den Weg des Lichts bahnen. Du brauchst dabei nichts Besonderes zu tun, sondern einfach nur zu sein. Wie wunderbar und großartig das doch ist. Ich bin so stolz auf dich. Immerdar und ewiglich. Ich umarme dich und liebe dich unendlich.

Ich, Semjase, spreche von dem Ort, wo das Licht immer scheint. Holt das Licht zu euch und kommt mich besuchen. Lasst uns reisen in die Welten, zwischen die Welten, wohin ihr auch wollt. Ihr könnt das! Ihr schafft das! Ich breite meine Arme aus und empfange euch. Immerdar und ewiglich. Immerdar und ewiglich. Auf Wiedersehen im Angesicht der Erkenntnis, wer ihr wirklich seid und von jeher wart. Und was ihr könnt. Einfach so. In Leichtigkeit. Euch mit Mutter Erdes Hilfe einfach neu kodieren. Sie wartet darauf, dass ihr das alle tut. Alle Menschen dieser Ebene, die sie in absoluter Demut und Hingabe an das große Ganze, an das große Verschmelzungs-Experiment, liebt und trägt.

Sie trägt euch in die Unendlichkeit und All-Einheit. Auf Wiedersehen. Macht es gut. Fühlt euch umarmt. Umarmt alles, was ist, war und je sein wird. Ich bitte euch, ihr Träger der Verschmelzung und des goldenen Lichtes der Erkenntnis, ihr Bahner des Regenbogenzeitalters des Glücks, der absoluten Glückseligkeit – umarmt alles.

Die Schlüssel zur Glückseligkeit und zu dir

Meine herzensguten Freunde,

ich liebe euch unendlich und verrate euch heute die Schlüssel zur Glückseligkeit und zur wahren Erkenntnis, wer ihr wirklich seid. Und ich verrate euch auch, wie ihr ohne Glückshormone glücklich werden könnt. Es ist möglich durch eure Freude – die Freude daran, ihr selbst und am Leben zu sein in dieser Zeit des Wandels, der Transformation eurer selbst, durch euch selbst und für euch selbst, ihr könnt es jederzeit aktivieren. Liebe, Freude, Wertschätzung, Frieden. Wie findet ihr den Weg? Ganz pragmatisch.

Öffnet eure Herzen. Spürt euch.

»Wie öffne ich denn mein Herz?«, werdet ihr jetzt fragen. Über das Gefühl. Erlaubt allen Gefühlen, da zu sein. Keine Bewertung mehr. Wie eine Feuerkaskade wogen sie durch euch hindurch, durchströmen euch im Licht der Erkenntnis. Wer seid ihr? Was wollt ihr wirklich? Hindern euch eure Vorstellungen von euch daran, ins Gefühl zu gehen? Ihr habt immer noch Angst vor euren Gefühlen. Dabei sind sie Wegweiser der Neuen Zeit und eure Verbindung zu eurer Göttlichkeit. Lasst los und lasst euch fallen ins Licht der Erkenntnis in euch. Seid mit euch. Traut euch, euch ins Nichts fallen zu lassen, und gebiert euch daraus in jedem Moment neu. Nichts ist alles, und alles ist nichts. So läuft das.

Also lasst los und lasst eure Vorstellung davon gehen, wie ihr zu sein habt. Dass ihr keine Gefühle zeigen dürft, der Gesellschaft entsprechen müsst, den Konventionen. Ach, all die Knoten in eurem Kopf. Wie werdet ihr wieder heil und ganz? Wie könnt ihr euch wieder über euch freuen? Ohne Knoten. Ohne Messlatte im Kopf. Bleibt in der Flexibilität. Traut euch, euch in jedem Moment eures Daseins neu anzuschauen. Geht hinein in die All-Einheit, indem ihr demütig vor eurer eigenen Größe und Göttlichkeit euer Haupt neigt und euch in euch fallen lasst. Und keine Angst mehr vor eurer Größe und euren Gefühlen habt, die euch die wahrhaft wahre Göttlichkeit widerspiegeln.

Lasst los, lasst gehen und öffnet eure Herzen für euch selbst. Mit euch selbst. Vertraut wieder euch und euren Impulsen, ganz und gar. Ihr seid die wichtigste Person in eurem Leben. Ihr seid die Person, die euch am besten kennt. Also übernehmt Verantwortung für euch. Übernehmt Verantwortung für eure Schöpferkraft und euer Sein und lasst euch nicht immer sagen, was ihr zu tun und zu lassen habt. So sei es in der Tat.

 *Meditation*

Hier eine Übung zur Öffnung deines Herzchakras, deiner fünften Herzkammer, die direkt mit deiner Seelenessenz verbunden ist. Die deine Seelenessenz in sich trägt.

Du setzt dich an einen ruhigen, stillen, abgeschiedenen Ort und legst deine Hände auf die Mitte deiner Brust. Spüre dich in diesem Moment. Die Wärme, die Weichheit. Die Atemzüge, die du machst. Dann mach eine kleine Reise in deinen Körper hinein.

Der Ankerpunkt, der Eingang, ist dein Herzchakra. Stelle es dir wie ein weit offenes Sternentor vor. Falls du den Eindruck hast, dass es für dich noch verschlossen ist, mach dieses wunderbare goldene Tor einfach ganz weit auf. Ganz sanft und entspannt. Öffne es weit und habe keine Angst davor, was sich hinter dem Tor verbirgt. Schau hinein. Betreibe Innenschau. Jetzt kannst du hindurch gehen. Was erwartet dich dort auf der anderen Seite? Deine Gefühle, die Sprache deiner Seele. Umarme alles, was dir begegnet. Alle Gefühle.

Deine Gefühle bilden ein Fluidium, ein schillerndes kaskadenartiges Fluidum, wie eine Regenbogenbrücke. Es bringt dir die Erkenntnis, wer du wirklich bist und woher du kommst. Reise auf der Regenbogenbrücke deiner Gefühle in die All-Einheit hinein. Trau dich, du selbst zu sein, dich zu wandeln und dich dem Strom regenbogenfarben fluoreszierenden Lichts in dir hinzugeben. Und mit fluoreszierend meine ich, dass es sich ständig wandelt, dein Fluidum, deine Gefühle. Und all das darf sein. Erlaube dir, dass das alles sein darf. Denn vergiss nicht: Das bist du! All dieses Schöne bist du. Ganz und gar. So bunt. So farbenfroh. So riesengroß. Überhaupt nicht in einer Ecke, in die du dich so gern aus Angst vor deiner ureigenen Größe hineinquetschst. Umarme das regenbogenfarbene Licht der Erkenntnis dessen, wer du bist, und reise auf der Regenbogenbrücke des goldenen flexiblen fluoreszierenden Lichtes in dich hinein. Zu dir. Verändere dich wieder in dir selbst, mit dir selbst. Mit deiner Seelenessenz, indem du ganz tief in dich schaust. In die tiefsten Tiefen schaust und in deine Freiheit hinein gehst. Dich nicht mehr von dir selbst abtrennst.

Deine Gefühle sind *all das*. Auf ihnen reist du weiter durch das Sternentor deines Herzchakras, über die Regenbogenbrücke hinein in die Unendlichkeit deines Seins. Habe keine Angst vor der Macht und Größe, die auf dich warten. Lass die Bilder kommen, die zu dir kommen wollen. Nimm, was dir an Bildern und Gefühlen begegnet, vorurteilsfrei an, und lass sie fließen. Alles darf sein. Schließe mit allem Frieden, was auftaucht. Und begegne allem mit Respekt, Dankbarkeit und Liebe. Das bist du. Ganz und gar. Komplett. Lass einfach los und lass dich fallen. Geh und reise in das Himmelreich der Unendlichkeit in dir und mit dir. Das niemals weg war. Das niemals im Außen, sondern immer in dir zu finden war. Lass all das geschehen. Du bist im Fluss. Du befindest dich auf der Regenbogenbrücke fluoreszierenden Lichts, das du selbst bist und in dir trägst. Lass dich ganz einfach fallen. Lass dich wirklich und wahrhaft fallen in dein Licht. Trau dich, du selbst zu sein, indem du dich im Hier und Jetzt neu erfindest. Bei dieser Meditation.

Umarme alles, was dir begegnet, und reise weiter. Achte auf deine Gefühle. Sie werden dir sagen, wer du wirklich bist und was du willst. In deinem Leben. Mit dir, in dir und um dich herum. Für deine Beziehungen. Umarme alle Bilder, die in diesem Moment zu dir kommen wollen. Tauche diese Bilder ins goldene Licht der Erkenntnis und in die Göttlichkeit deines ureigenen Seins.

Dann kleide deine Gefühle ein. Dein Kleid besteht aus Liebe, Freiheit, Demut und Dankbarkeit. Für dich, mit dir. Vertraue dir selbst. Vertraue deinen Impulsen. Und reise dann weiter. Schau, was hinter der Regenbogenbrücke des All-Eins-Seins liegt. Deine Essenz. Deine ureigene Essenz. Die wirst du finden. Ganz und gar. Voll und ganz. Ein kleines, zartes Wesen wirst du finden, wie eine Fee oder einen Engel, wenn du deine Schutzmechanismen und deine Ängste herunterfährst und einfach nur bist. Nimm dieses Wesen, dein göttliches Licht, deine Essenz in die Hand. Streichle und liebkose es. Stecke all deine Liebe und Zärtlichkeit hinein. Dann verschmelze auch aktiv gedanklich mit ihm. Sage ihm, dass du für immer für es da sein und auf es hören wirst. Auf die Impulse, die es dir zeigt. Die zu dir kommen werden. Genieße diesen Moment. Ganz und gar.

Dann lass dich fallen zwischen die Welten, in die Welten deiner Existenz, deiner Herkunft. Das alles wird dir deine Essenz zeigen, die du in den Händen trägst. Gib acht auf dich. Beschütze dich. Du wirst getragen. Du wirstz beschützt von diesem kleinen, zarten Pflänzchen, dass deine Seelenessenz ist. So klein und doch so stark. Wie wunderbar. Hier ist die direkte Anbindung an deine Göttlichkeit, deinen Ankerpunkt der Erkenntnis und die Weisheit von dir selbst. Mit dir selbst. Wie wunderbar dies doch ist.

Genieße den Moment ganz und gar, voll und ganz. Und hole dieses Gefühl der Allverbundenheit und Glückseligkeit tief zu dir. In dich hinein. Kodiere damit deine Zellen neu. Stell dir vor, wie das flüssige Fluidum deiner Erkenntnis in regenbogenfarbenen Kaskaden durch deine Zellen fließt. In deine DNA hineinströmt. Und warte nicht. Lass dich vielmehr hineinfallen ins Licht der Erkenntnis, das du selbst bist. In deine ureigene Schöpferkraft und Göttlichkeit, die du selbst bist. Wunderbar. Spüre das pulsierende goldene Licht in deinem Herzen, in deinen Zellen, in deinen Genen, die nun auf absolute Freude, Hingabe, Frieden und Liebe kodiert werden. Weil du das willst. Weil du dir die Zeit und die Zärtlichkeit gegeben hast, herauszufinden, wer du wirklich bist und was du in deinem Leben willst. Für dich. Mit dir. Und bei allem, was ist. Fühle die Allverbundenheit in dir, mit dir und deiner Essenz und mit allem, was ist, war und je sein wird.

Jetzt komm zurück zu deiner geliebten Erde, in deinen Alltag, indem du dich von deiner Essenz verabschiedest in dem Wissen, dass es überhaupt kein Abschied ist. Weil sie ja immer bei dir ist, in deinen Zellen, in deinen Genen. Ganz und gar. An diesem wunderbaren Ort, den du gefunden hast, um Kontakt mit deiner Essenz aufzunehmen. Und dann verlässt du diesen Ort und reist durch dein regenbogenfarbenes goldenes Sternentor des Lichts wieder zurück ins Hier und Jetzt deines Alltags, deines wunderbaren Lebens, Schöpfergott, der du bist. Kehre zurück auf die Erde, um das neu gewandelte Licht in dir zu verschenken, deine neu kodierten Zellen, die Zellen mit regenbogenfarbener flüssiger DNA.

Spüre deine Hände, die immer noch auf deinem Herzchakra liegen, deinem wunderbaren Eingang ins Licht der Erkenntnis und Göttlichkeit, wer du wirklich bist und woher du wahrhaftig kommst. Spüre dich, spüre dein gesamtes Sein. Atme tief ein und aus und komm wieder auf der dreidimensionalen Ebene an, die du mit der Essenz deiner Göttlichkeit und deiner neu gefundenen Freude wandeln willst. Ganz und gar. So, wie du dich gerade gewandelt hast. Und auf Glückseligkeit gepolt hast. Ganz einfach.

Der Weg des Lichts ist gebahnt!

Mache diese Übung, so oft du kannst. Und bahne dir den Weg ins Licht der Erkenntnis, wer du wirklich bist: ein göttliches Wesen, das alles schaffen kann, was auch immer du willst und wie du es willst, egal, wo du bist und wie du bist, egal, auf welcher Ebene. Was bist du? Alles kannst du kraft deines Willens und mit deinem neu gewonnenen Wissen über deine ureigene Göttlichkeit wandeln und jede Emotion zu dir holen, die du willst. In deiner Essenz ist die absolute Glückseligkeit deines Seins, deines Daseins hier auf der Erde neu kodiert, das Gefühl in deinen Zellen und in deiner DNA.

Jetzt fühlst du die Leichtigkeit und die Einheit, in die du zurückgekehrt bist, bis tief in dein Leben hinein. Die Erkenntnis, wer du wirklich bist und woher du kommst. Und dass du jederzeit die Kraft und die Macht hast, alles zu verändern. Alle Situationen, seien sie auch noch so schwierig, fühlen sie sich auch noch so unüberwindlich an. Das alles kannst du jetzt mit dem Gefühl der Glückseligkeit in deinen Zellen durchströmen. Pures Licht, das aus deiner Essenz zu dir geflossen ist – in Form von kaskadenartigem goldenen Licht, auf dem Weg deiner Gefühle.

Breite nun die Arme aus und spüre dein offenes Herz.

Verbinde dich neu mit dieser Welt und kehre zurück an den ruhigen stillen Ort, den du aufgesucht hast, um ein kleines Wunder zu vollziehen, das gar kein Wunder ist. Weil du das Wunder bist. Immerdar und ewiglich.

Ihr glückseligen Götter der Unendlichkeit wandelt so im Licht der Erkenntnis, wer ihr wirklich seid, wart und sein werdet: strahlende, glückselige Götter des Lichts, verbunden mit eurer Essenz. Wie wunderbar und großartig. Das Gefühl der Glückseligkeit ist jetzt und für immer in euch und durchströmt und durchfließt euren Alltag hier auf der Erde. Ihr könnt es jederzeit in euch wachrufen. Es ist jetzt eures. Ihr habt es zu euch geholt, zu eurem Gefühl gemacht und ganz tief in euren Zellen, in eurer DNA, verankert.

Das Licht ist gebahnt. Ich freue mich so sehr. Von nun an wird euer Leben hier auf dem wunderbaren Heimatplaneten Erde leichter und einfacher für euch werden. Weil ihr die Glückseligkeit zusammen mit der Essenz eures Daseins über eure Gefühle zu euch geholt und euer Herz für euch geöffnet habt, für die regenbogenfarben schillernden Farben göttlichen Lichtes und für die Erkenntnis, dass ihr es seid und dass das schon immer in euch war. Ihr habt die verschlossenen Tore geöffnet. Ganz einfach, kraft eures Willens. So mächtig seid ihr. Wie wunderbar und großartig. Seid stolz auf euch. Und legt jetzt eine Ruhepause ein, indem ihr in die Natur und ganz tief in euren Atem hinein geht. Verbindet euch mit eurer neu gewonnenen göttlichen Essenz und Mutter Erde.

Ich grüße euch. Ich liebe euch unendlich, ihr Schöpfergötter des Lichts. Semjase spricht zu euch, vom Baum der Erkenntnis zu den Schöpfergöttern, die sich erkannt haben und lieben und frei sind zu tun, was auch immer ihnen beliebt. Ich grüße euch und segne euch mit dem goldenen Licht der Erkenntnis, ihr Schöpfergötter strahlenden golden regenbogenfarbenen Lichts vom Baum der Erkenntnis, wo alles eins ist und eins sein darf. Ihr habt euch die Erlaubnis dazu gegeben. Gerade eben. Mit dieser Meditation.

Ganz einfach im Hier und Jetzt. Auf Wiedersehen. Ich bin bei euch. Immerdar und ewiglich.

Kosmische Verschmelzung

Ihr Lieben und Allerliebsten,

ich bin am Meer und schreibe vom Meer. Wir alle werden einströmen in den großen Fluss des All-Eins-Seins, wie das auch ein Regentropfen tut. Er wird zum Fluss, der ins Meer fließt. In die Unendlichkeit. Er darf sich fallenlassen und lässt sich fallen. Und wird aufgefangen mit allen anderen zusammen. Von allen anderen gemeinsam. So, wie auch ihr es vorhabt als Menschheit. So, wie wir alle es vorhaben als Kosmos.

Kosmische Unendlichkeit, in die kosmische Unendlichkeit fließen, zerfließen und zerfallen und wieder alles neu entstehen lassen, in der Ewigkeit, wo nichts ist, uns wieder neu gebären. Aus der Unendlichkeit heraus. Durch die heilige Acht. Die Fülle liegt in der Unendlichkeit, im Fallenlassen. Sie wird aus dem Nichts geboren und gebiert sich selbst, denn wo nichts ist, ist alles und kann alles geboren werden. Wie der Phönix aus der Asche, der Feuervogel. Auch er zerfällt zu Staub und lebt doch wieder auf. Wie ihr alle mit Mutter Erde. Verschmelzt mit euch, in euch, miteinander als Menschheit, mit

Mutter Erde und mit allem, was ist, war und je sein wird. So soll es sein, so darf es sein.

Nun, wie gelingt euch dieses Fallenlassen, das ultimative Verschmelzen mit euch und eurer Seele und allem, was ist, war und je sein wird? Für jeden Einzelnen von euch gibt es das große kosmische Erwachen. Jeder Einzelne von euch braucht für die ultimative Verschmelzung und das Fallenlassen mit euch selbst, in euch selbst, etwas anderes. Und gleichzeitig braucht ihr alle das Gleiche. Dieser Widerspruch ist gar keiner. Nehmt auch hier das Werten und Urteilen raus. Schaut euch nicht um, wie andere es machen. Handelt selbst aus eurem innersten Herzen, eurer Seelenessenz, heraus. Schaut nicht länger nach links und rechts, schaut nach vorn und fühlt in euch hinein. Wobei habt ihr ein gutes Gefühl und wobei nicht? Wann seid ihr verschmolzen und eins mit euch selbst, wann nicht? Und dann lasst die Dinge, die euch beschweren, belasten und von euch selbst abtrennen, einfach weg. Trefft neue Entscheidungen für euch selbst. Mit euch selbst. Mit eurer Seelenessenz. Mit der Essenz von allem was ist, war und je sein wird.

Wie dies möglich sein soll? Ich verrate euch, wie ihr es hinbekommt, ohne ständig andere fragen zu müssen. Die haben ihren eigenen Aufstiegs-, Verschmelzungs- und Transformationsprozess hin ins Licht. Genau wie ihr selbst. Und gerade deshalb ist es so immens wichtig, dass ihr auf euch hört, auf die Impulse eurer Seele, die über eure Emotionen von eurem Herzen zu euch fließen und strömen.

Und um den scheinbaren Widerspruch des Getrenntseins in euch, mit euch und allem, was je existiert hat, aufzuheben, lasst ihr euch einfach fallen ins Nichts und gebiert euch neu.

Immer und immer wieder. Das könnt nur ihr selbst für euch tun, nur dann geschieht es zu hundert Prozent. Lasst euch fallen, einfach fallen in euer Vertrauen darauf, dass ihr genauso getragen seid wie der Regentropfen, der ins Meer fällt, der dort dann fließt und strömt mit allem, was ist. Im großen Meer, mit dem großen Meer.

So wichtig ist das Fallenlassen und Verschmelzen mit euch selbst und mit allen Menschenkindern. Sie alle machen ihren eigenen Verschmelzungs- und Transformationsprozess durch. Ihr könnt es daran merken, dass auch sie im Wandel sind, um sich selbst und ihre Seelenessenz zu finden. Und wenn ihr euch in diesem Prozess zusammentut und gemeinsam meditiert, euch verbindet und verbündet, dann werdet ihr gemeinsam mehr Energie generieren und es leichter haben zu verschmelzen. Wie ein riesiger Verschmelzungstransformator und Katalysator für das Licht werdet ihr sein.

Es ist gelungen! Wenn ihr es beginnt, ist es bereits gelungen! Das Licht in der Verschmelzung ist gebahnt. Achtet auf euch – und rennt niemandem hinterher mit dem Ansinnen, dass er euch schon zeigen wird, wie das geht. Ihr könnt gerne seine Impulse und seinen Rat annehmen, aber *tun* dürft *ihr*. Ihr ganz allein. Also nehmt Rat an, aber geht den Weg eures Herzens aus euch selbst heraus. Beschreitet euren ureigenen Verschmelzungsweg als Katalysator und Transformator des Lichts in Freiheit und Verantwortung euch selbst gegenüber. Es ist euer Licht, das in euch und mit euch zum großen kosmischen Urmeer verschmelzen will mit allem, was ist, war und je sein wird. Ganz allein euer Licht.

Die Wege sind gebahnt! Euer ureigener Heilungsweg des Aufstiegs ins Licht ist gebahnt! Vertraut auf euch. Vertraut auf eure Impulse. Hört auf euch selbst und dann auf die anderen. Trefft euch in Gruppen, meditiert gemeinsam. Verschmelzt miteinander, ohne euch zu verlieren, ohne die Verantwortung abzugeben. Bleibt bei euch und geht mit euch. Genießt das Zusammensein mit allem, was ist, war und je sein wird. Genießt das große kosmische Urmeer. Wie wunderbar und großartig! Ich freue mich für euch. Ich freue mich mit euch. Ich freue mich auf euch. Auf eure Verschmelzung. Auf euren ureigenen Verschmelzungs- und Transformationsprozess ins Licht hinein ... auf euer All-Eins-Sein.

All dies liegt bereits in euch. In den kristallinen spiralförmigen Strängen eurer DNA. Ihr braucht euch nur noch in euch selbst fallen zu lassen, im Vertrauen auf euch selbst. In dem Wissen, dass alles in euch liegt. In dem klaren Bewusstsein, dass um euch herum nichts anderes zu finden ist. Es geht um die ultimative Verschmelzung mit euch selbst, in euch selbst und mit allem, was ist, war und je sein wird.

Euer kosmisches Sein wird neu geboren. In euch. Mit euch. Miteinander. Mit Mutter Erde, mit dem Licht. Und mit allem, was ist, war und je sein wird. Denn alles ist Schwingung, alles ist eins und alles geht ineinander über in einem Meer von Schwingung. Alles mündet in das kosmische fließende Urmeer von allem was ist, war und je sein wird.

Also gebt euch die Erlaubnis, euch fallen zu lassen. Werdet frei. Vertraut auf euch selbst und auf die Impulse eurer Seele. Euer ureigener Fluss des Lebens ist jetzt gefragt. Er ist einzigartig. Nur ihr könnt ihm folgen. Nur ihr wisst, wohin er euch führt und wie ihr den Weg zurücklegen könnt. Euren Weg. Mit euch. In euch. Und nehmt die anderen an die Hand. Aber vergesst euch selbst dabei nicht. Und achtet den ureigenen

Transformations- und Heilungsprozess ins Licht bei jedem Einzelnen von euch.

Wie wunderbar und großartig! Ich liebe euch so sehr, ihr Kinder des Lichts. Der Weg für alle ist gebahnt! Vertraut auf euch selbst und auf die Impulse eurer Seele. Diese Impulse sind Licht, diese Impulse sind die Schwingungsessenz von Licht. Von allem was ist, war und je sein wird.

Auf Wiedersehen im Licht der Erkenntnis. Ihr wisst, wer ihr seid und schon immer wart. All das liegt in euch, in jeder noch so kleinsten eurer Zellen. In euren DNA-Strängen. In euch, um euch und in allem, was ist, war und je sein wird. Auf Wiedersehen im Licht der Erkenntnis dessen, was das große Ganze wirklich ist, im Licht der Verschmelzung und des ineinander Fließens und Strömens hin zur Erkenntnis. Hin zum kosmischen Meer, geboren aus Schwingungsfrequenzen des wunderbaren regenbogenfarbenen kosmischen spiralförmigen Lichts der Erkenntnis.

Das Licht ist gebahnt! Wir sehen uns, ihr Lieben! Ich bin immer bei euch, ihr Freundinnen und Freunde. Ihr Göttinnen und Götter kosmischen regenbogenfarbenen spiralförmigen Lichts, das ihr in Wahrheit seid. Gebiert euch neu. Immer und immer wieder. Und verschmelzt mit dem kosmischen All-Eins, mit dem Meer der Weisheit und Erkenntnis. Das ist der ultimative Aufstieg für euch selbst, mit euch selbst und allem, was ist, war und je sein wird.

Das Licht ist gebahnt. Auf Wiedersehen. Passt auf euch und eure ureigene Schwingung auf! Und vertraut euch immer ein bisschen mehr. Jeden Tag. Mehr und mehr. Okay?

Kosmische Heilung

Meine liebsten Freunde des Lichts,

ihr Vorreiter der Neuen Zeit, des regenbogenfarbenen Lichts des All-Eins-Seins und der Erkenntnis, wer ihr wirklich seid, Schöpfergötter allesamt: Ihr könnt alles schöpfen und erschaffen, was immer ihr wollt. Wann immer ihr es wollt. Zu jeder Zeit neu und grenzenlos. Immer und immer wieder. Ein Aufgeben gibt es nicht, denn in eurer Schöpferkraft erkennt ihr euch selbst – in eurer Schaffenskraft, eurer Kreativität und eurem Heilungswillen.

Lasst los und lasst gehen, und ihr erkennt euch in allem, was ist, war und je sein wird. Sogar in euren Krankheiten, die eure Heilheiten sind und die euch eure Größe zeigen, die euch ins wahrhafte Heilsein und All-Eins-Sein führen. Seid ihr auf körperlicher Ebene krank, verbindet euch mit dem Kosmos, verbindet euch mit eurer Seelenessenz. Alles ist da für euch, ihr Schöpfergötter. Die Heilenergien können zu euch fließen, weil ihr an euch glaubt. Weil ihr an eure ursprüngliche Schaffens- und Schöpferkraft glaubt. Und so könnt ihr euch tief mit eurem ursprünglichen Heilsein verbinden, euch mit allem verbinden, was ist, war und je sein wird, so dass alle Möglichkeiten kommen und zu euch finden, alle Möglichkeiten der Heilung, weil ihr an euch und an Heilung glaubt und euch nicht aufgebt, sondern eure Heilheit als Chance für euer Wachstum seht. Das ist das Eintauchen in euer Himmelreich des Glücks, euer ureigener Aufstieg auf der Himmelsleiter ins Glück.

Gebt niemals auf, an wahre Heilung zu glauben, meine Freunde, sie liegt in euch. Und ihr seid erfüllt und umgeben von Impulsen und Helfern, die ihr braucht, sobald ihr euch für eure Heilung geöffnet habt und an euch glaubt. An eure Schaffenskraft glaubt, an eure Schöpferkraft. An eure Intuition, die euch in Verbindung mit eurer Seelenessenz sagt, was ihr zu tun und zu lassen habt. Für euer göttliches Gefäß, das euch trägt und führt und ein Leben auf dieser Ebene mit all euren ureigenen Erfahrungen erst möglich macht.

Wahrhafte Heilung liegt immer in euch. Zu hundert Prozent dürft ihr die Lösungen finden. Holt euch Hilfe und Rat, wenn ihr dessen bedürft, aber entscheidet aus eurer Größe heraus, was ihr tut oder lasst. Euer Körper, euer göttliches Gefäß des Lichtes, gehört allein euch, niemandem sonst. Bestimmt und entscheidet daher selbst, was gut und richtig für euch ist. Und wenn ihr es nicht wisst, findet es heraus. Vielleicht fehlt nur noch ein winziges Beiwerk, eine Zutat, ein Gewürz, bis euch das Leben wieder schmeckt. Bis ihr euch selbst erkennen und wieder finden könnt. Dafür sind eure Heilheiten da: Sie führen euch vom Heilsein ins Eins-Sein. Zu euch selbst. Und zu allem, was ist, war, und je sein wird. Versteht ihr das? Ihr seid Schöpfergötter, Schöpfergötter des Lichts, und dürft aus den Prozessen eures Körpers lernen, ihr dürft euch um dieses wunderbare Gefäß, erschaffen aus Licht, kümmern, das euch auf eurem wunderbaren Heimatplaneten, Mutter Erde, trägt und immer weiter ins Licht führt. Also lasst los und lasst gehen, und euer ist das Himmelreich. Verbindet euch mit eurer Schöpfer- und Schaffenskraft. Glaubt an euch. Glaubt an eure wahrhafte Größe und daran, dass Heilung immer und zu jeder Zeit möglich ist. Wie wunderbar und großartig! Ihr alle seid strahlende Sterne aus Licht. Sternenstaub. Sonnenlicht, das sich zu einer bestimmten Form zusammengefunden hat, um sich selbst zu erkennen. Wie schön!

Wenn ihr krank seid, geht tief in euer Innerstes. Lauscht dem Tönen eurer Seele. Verbindet euch mit dem Licht und allem, was ist, war und je sein wird. Und glaubt an euch. Dann wisst ihr, was ihr wann, wie und mit wem zu tun habt und welche Hilfen ihr in Anspruch nehmen wollt. In dem Moment, wo ihr euch mit eurer Göttlichkeit und Schaffenskraft verbindet und verbündet, schließt ihr euch an kosmische Heilung an. Sie erfolgt über Schwingung, über die transzendente heilende heilsame Schwingung aus dem All. Aus dem All-Eins-Sein. Ihr seid aus Licht. Ihr seid aus Schwingung, euer Körper auch. Schwingungsfrequenzen des Lichts beschleunigen die Heilung in euch, mit euch und um euch herum, und wenn ihr euch heilt und euch in dem Heilseins-Prozess erkennt, heilt ihr auch eure Umgebung. Dann werdet ihr neue Entscheidungen für euch treffen. Nur das Beste und nur für euch. In Absprache mit eurer Seele, der Essenz von allem was ist, war und je sein wird. Dann wisst ihr, was ihr in eurem Leben wann wie zu tun habt. Und was ihr zu lassen habt. Dann wisst ihr genau, was euch krank gemacht hat.

Dann werdet ihr neue Entscheidungen für euch, mit euch und in euch treffen. Dann werdet ihr nicht aufgeben, sondern handeln. Ins Tun kommen, Schöpfergötter aus Licht, die ihr seid, gekommen, um diese Ebene zu wandeln.

Das Licht ist gebahnt! Glaubt an euch. Glaubt an euer Leben, an eure Willens- und Schaffenskraft! Euer freier Wille ist dabei sehr wichtig. Wollt ihr eins sein mit euch, in euch und um euch herum? Ein Schöpfergott, der sich im Außen selbst erkennt und seine Lernerfahrungen der Erkenntnis vom Licht macht? Oder wollt ihr herumjammern und euch ergeben? Euch der Angst einfach hingeben. Nochmal, ich bitte euch: Gebt nicht auf! Lasst los und lasst gehen und erschafft euer Himmelreich zu jeder Zeit selbst. In jedem Moment. In euch, mit euch und um euch herum. Erschafft es notfalls aus dem Nichts. Im Nichts ist alles enthalten. Dieses Nichts ist Loslassen. Wenn ihr wahrhaft loslasst, kann alles zu euch kommen. Dann seid ihr in die scheinbare Leere, in die Stille mit euch und um euch herum, gegangen, wo Ängste und all die Gedanken in eurem Kopf keinen Platz mehr haben. Und ich garantiere euch: Hier werdet ihr Lösungen für all eure Probleme und Herausforderungen zum Lernen finden. In der Stille eures Seins. Lasst für einen Moment alle Emotionen der Angst, alles, was euch von außen eingetrichtert wird, gehen, und fühlt in euch selbst hinein. Was ihr wirklich für euch und mit euch selbst wollt. Immer und ewiglich.

In der Leere ist die Anbindung an Gott. An eure ureigene Göttlichkeit. Im Nichts ist alles enthalten. Dort findet ihr die Lösungen für euch. Weil ihr nicht aufgegeben habt und euch mit eurer ureigenen Schwingung an die Gesamtschwingung des Lichts angebunden und damit verbunden habt. Mit der kosmischen Allheit des Lichts. Und dann werdet ihr nicht nur genau die richtige irdische Hilfe für euch finden, ihr werdet außerdem offen für die Impulse eurer Seele sein und auch andere Wesenheiten mit eurem Ätherkörper in euch und um euch herum spüren können. Ganz und gar. Und dabei bleibt ihr offen für Neues. Bleibt ihr offen für Wunder. Ihr gebt nicht auf. Verbindet euch mit allem, was ist, war und je sein wird. Heilung ist immer und in jedem Moment möglich. Zu jeder Zeit. Kraft eures Willens lasst ihr los und euch ins Nichts fallen, aus dem heraus alles Neue geboren wird, ihr Schöpfergötter des Lichts. Dann breitet ihr die Arme aus und empfangt. Dann habt ihr keine Angst mehr vor der Heilung, die vielleicht auf ganz anderen Wegen und mit ganz neuen Personen in euer Leben tritt. Bleibt offen und neugierig. Alles ist zu jeder Zeit möglich.

Und da alles Schwingung ist und ihr mit allem, was ist, war und je sein wird, verbunden seid, lernen alle anderen von euch und mit euch. Alle um euch herum. Durch eure Schöpfer- und Schaffenskraft. Durch eure Kreativität. Durch euren Glauben an euch. Durch euren Heilungs- und Transformationsprozess ins Licht. Wenn ihr euch heilt und eure Schwingung erhöht und die Herausforderungen annehmt, dass ihr lernen dürft, was kosmische Heilung wirklich ist, dann tut ihr das für alle anderen mit. Und alle Menschenkinder werden das merken. Und Mutter Erde. Und der gesamte Kosmos. Ihr bahnt dann das Licht für alle. Und holt das Eins-Sein zu euch. Das All-Eins-Sein. So geschieht Heilung, Heilung für alle, denn kosmische Heilung kann nur im All-Eins-Sein geschehen. Indem ihr euch mit dem Licht in euch verbindet, in die Stille und in eure wahrhafte Schöpferkraft geht, holt ihr alles Wissen zu euch und damit auf diese Ebene. Ihr bahnt so den Weg des Lichts zu eurer Heilung. In der Stille liegt die Heilung, in der Ruhe liegt die Lösung und der wahre Aufstiegs- und Erkenntnisprozess. Das Licht ist gebahnt. Und das ist zu jeder Zeit und in jedem Moment eures Lebens. Immer und ewiglich.

Lasst los und lasst gehen! Lasst euch in das große kosmische All-Eins-Sein fallen, wo Heilung jederzeit möglich ist, so dass die Lösungen für euer Dilemma zu euch fließen und strömen, egal, wie scheinbar aussichtslos eure Heilheit ist. Geht ins Nichts, wo alles Neue geboren wird, und glaubt an euch. Glaubt an eure göttliche Schöpfer- und Schaffenskraft. Geht ins kosmische Licht, denn ihr seid aus Licht!

Und vor allem: Gebt nicht auf. Niemals. Ihr wollt euch selbst finden und euch in eurem ureigenen Transformations- und Aufstiegsprozess ins Licht neu *er*finden. In euer Eins-Sein ganz tief eintauchen, um dann mit der kosmischen All-heit zu verschmelzen und euch eine ganz neue Realität zu erschaffen. Zu jeder Zeit. In jedem Augenblick. Weil ihr an euch glaubt, an eure göttlichen Fähigkeiten und eure Schaffenskraft glaubt. Und weil ihr mit Hilfe der anderen auf euch selbst hört, ohne euch zu verlieren. Weil ihr an euch und eure göttliche Führung glaubt – in dem tiefen Wissen, dass Heilung immer und zu jeder Zeit für euch möglich ist. Für euch und jeden anderen, denn ihr seid offen für neue Wege der Heilung und neue Erkenntnisse für euer Leben in euch, mit euch und mit allen anderen.

Ihr habt euch nicht gescheut, in eurem Leben die Dinge zu verändern, die euch nicht gut tun. Und ihr habt erkannt, was alles vor euch liegt. Weil ihr alles umarmt und als euren urei-

genen Transformations- und Aufstiegsprozess ins Licht anerkennt. Weil ihr auf die Schwingung von Heilung eingeht, so
dass das Licht in euch, mit euch und um euch herum sich
bahnen kann. Weil ihr euch für euch einsetzt und so Heilung
und Heilsein zulasst. Weil ihr an euch und eure schöpferischen
Fähigkeiten in Anbindung mit den kosmischen Schwingungen
des All-Eins-Seins glaubt und eurer göttlichen Größe vertraut.
Weil ihr ganz in euch wart, mit euch und mit allem, was ist,
war und je sein wird. Weil ihr euch in euch erkennt. In euch
und um euch herum, Schöpfergötter, die ihr seid. Weil ihr
euch nicht scheut, euer Licht zu finden. Weil ihr euch selbst
erkennt, lernt und wachst. Weil ihr den ganzen Heilungsprozess umarmt und damit zu euch holt. Und dem Licht in euch,
mit euch und um euch herum vertraut. Und niemals aufgebt,
an das Licht und eure Schöpfer- und Schaffenskraft zu glauben. Und euch an die Impulse eurer Seelenessenz anschließt,
so dass ihr die kosmische Heilung, ihre Schwingung, ihre
Heilfrequenzen, in euch tragt.

Auf Wiedersehen im Licht der Erkenntnis in euch, mit euch
und mit allem, was ist, war und je sein wird. Bindet euch an,
ihr Schöpfergötter. Heilung, Heilsein und All-Eins-Sein sind
immer und zu jeder Zeit möglich. Vertraut auf euch selbst und
glaubt an euch und eure Impulse. Es sind die Impulse eurer
Seele, die mit der großen kosmischen Weisheit, All-Einheit
und Göttlichkeit verbunden sind. Sie zeigen euch eure eigene
Göttlichkeit und weisen euch den Weg zu euch. Was ihr wirklich seid und schon immer wart, das dürft ihr jetzt wieder
empfangen und leben, es wieder in euer Leben holen. Dann
ist Heilung da immer und ewiglich, verbunden mit der All-
Einheit und allem, was lebt und je existiert hat. Durch die

Schwingung. Geht in die kosmische All-Einheit, ins Eins-Sein mit euch, indem ihr an euch und eure göttlichen Fähigkeiten glaubt. Vertraut euren göttlichen Fähigkeiten und dem Licht in euch, mit euch und um euch herum, und alles wird sich fügen und weisen. Ich verspreche es euch. So wird auch die scheinbar schlimmste körperliche Herausforderung zu eurer Heilheit werden. Und zu eurer wahrhaften Erkenntnis darüber, wer ihr seid und was ihr in eurem Leben wollt. Für euch. Mit euch. Und mit allem, was je existiert hat. Bedenkt bitte stets: Wenn ihr euch wandelt, wandelt sich alles mit. Wenn ihr die kosmische Heilung bahnt, tut ihr das für alle mit. Wie wunderbar und großartig!

Ich liebe euch so sehr. Vertraut den Impulsen eurer Seele und gebt nicht auf. Ich bitte euch. Heilung ist immer und zu jeder Zeit möglich. Immer und ewiglich.

Auf Wiedersehen, meine Schöpfergötter des Lichts, der ultimativen Heilung und der Erkenntnis, wer ihr wirklich seid. Ihr seid hierher auf diese wunderbare Ebene gekommen, um euch selbst zu finden, neu zu *er*finden und neu zu entdecken. Ich liebe und umarme euch. Es gibt immer Hoffnung. Und das Licht in euch, mit euch und um euch herum könnt ihr immer bahnen. Zu jeder Zeit. In jedem Moment eures Daseins auf dieser Ebene der göttlichen Selbsterkenntnis und Schaffens- und Schöpferkraft.

Kosmische All-Einheit

Meine lieben Freundinnen und Freunde,

nun habt ihr schon viel darüber gehört, wie ihr mit euch in die All-Einheit und um euch herum ins kosmische All-Eins-Sein gehen könnt. Ihr dürft fließen mit allem, was ist, und braucht nicht länger zu werten. Das ist die Prämisse, die Grundvoraussetzung. Das ist oberstes Gebot. Umarmt alles, was ist. Holt es zu euch. Lernt daraus und wandelt euch dabei. Das ist Transformation pur. Und wundert euch nicht mehr darüber, was da so alles zu euch kommt und geklärt werden will. Breitet die Arme weit aus und lasst fließen. Lasst euch fallen ins Nichts, um wiedergeboren zu werden. Gebiert euch in jedem Moment neu. Vertraut dem Fluss eures Herzens, eurer Seele, Schöpfergötter, die ihr seid.

Die Zeit steht nicht still. Auch die Zeit geht in die All-Einheit. Ins Eins-Sein mit allem, was ist, war und je sein wird. Alles geht dadurch schneller. Alle Ereignisse, Erlebnisse und Erfahrungen, die zu euch kommen wollen, um in euch und mit euch zu Licht gewandelt zu werden, kommen gerade vermehrt auf euch zu. Und je weiter ihr dabei die Arme ausbreitet, um so leichter habt ihr es in eurem Leben, um so leichter wird der Weg, euer ureigener Aufstiegs- und Transformationsweg ins Licht. Also wundert euch nicht länger über eure Kreationen, Schöpfergötter, die ihr seid. Empfangt das wundervolle Licht, das zu euch kommen will. Breitet die Arme aus und empfangt den Segen der Schöpfung, die euch zeigen will, wo ihr steht und was ihr wirklich in eurem Leben wollt. Und was wichtig für euch ist. All das, was zu euch kommt, wollt ihr zu hundert Prozent selbst. Beklagt euch nicht länger, sondern lasst euch in euren Lebensfluss fallen, in euren ureigenen Schöpfungs- und Aufstiegsprozess.

So sei es in der Tat und immerdar. Jammern und Klagen gilt nicht mehr. Nehmt euer Leben selbst in die Hand. Übernehmt Verantwortung für euer Sein und euer All-Eins-Sein mit allem, was ist, war und je sein wird. Und kümmert euch in allererster Linie um euch selbst. Um euer Glücklichsein. Um eure Glückseligkeit. Erst dann teilt sie mit allen anderen. Mit euren Liebsten und Allerliebsten. Mit den Menschen, die euch zeigen, wo ihr gerade in eurem ureigenen Schöpfungs- und Schaffensprozess steht.

So ist es gut und richtig. Ihr lernt, ihr selbst zu sein und für euch einzustehen. Und euch nicht mehr über die Vielzahl der Ereignisse zu wundern, die gerade in eurem ureigenen Aufstiegs- und Lernprozess zu euch kommen. Ihr wollt wachsen. Ihr wollt lernen. Ihr wollt lernen, glücklich zu sein und die Glückseligkeit auf diesen Planeten zu holen. Ihr wollt euch in jedem anderen Menschen erkennen und wiederfinden. Miteinander. Aneinander. Ineinander. Voll und ganz. Wie wunderbar und großartig.

Also breitet die Arme aus und empfangt die Glückseligkeit eures Seins, indem ihr das ohne Wertung zu euch holt, was noch nicht rund und klar ist. Erkennt euch im Spiegel der anderen. Und im Angesicht der All-Einheit von allem was ist, war und je sein wird. Wenn ihr euch wandelt und euch selbst erkennt, ändert ihr euer Umfeld und die Beziehung zu euren Liebsten. »Wie gehe ich mit mir selbst und anderen um? Mit welchen Menschen kann und will ich mich wirklich verbinden und verbünden?«, *das* ist gefragt.

Je mehr ihr euch um euch kümmert, achtsam mit eurem Umfeld seid und darauf seht, mit wem ihr euch umgebt, desto mehr erhöht ihr eure Schwingung. Und die Schwingung eures Umfelds. Weil ihr allen neue Spiegel gebt. Ehrlich und authentisch. Dadurch setzt ihr auch für die anderen Impulse und gebt ihnen Impulse für kosmisches Lernen. So dass sie sich wandeln können. Ihr seid alle miteinander verbunden. Und wenn ihr diesen Prozess des Aufstiegs in Klarheit und Authentizität geht und eure ureigenen Schöpfungsimpulse empfangt, lebt, in die Welt tragt, offen für Neues seid und euch nicht länger darüber wundert, was ihr da so alles schöpft und erschafft, dann tut ihr das für alle anderen mit. Und alle anderen werden dann genau so anfangen zu vibrieren und zu schwingen wie ihr. Und auf eine andere Ebene ihres Seins gehen. Und das kann Mutter Erde dann auch. Wir alle können das, weil die Schwingung sich verändert hat. Also: Wichtig seid ihr, Schöpfergötter, die ihr seid. Ihr seid Bahner der Neuen Zeit und des neuen goldenen Zeitalters des Lichts und der Erkenntnis von allem was ist, war und je sein wird.

Es kann sein, dass eure Freunde, eure Umgebungen, eure Impulse zum Lernen nicht annehmen können und euch zurückweisen. Dann nehmt es nicht persönlich, sondern nehmt das vorurteilsfrei an, ohne zu werten. Die Menschen in eurem Umfeld haben auch Angst vor Neuem. Genau wie ihr. Angst davor, sich zu wandeln und sich als Schöpfergötter in ihrer wahren Größe selbst zu erkennen und anzunehmen. Sie können nicht so gut damit umgehen und brauchen noch ein wenig Raum und Zeit. Dann lasst sie gehen. Lasst ihnen Raum und Zeit. Zum Lernen, wer sie wirklich sind und was auch sie wirklich für sich wollen. Ganz und gar. Manche werden sich in diesem Prozess von euch verabschieden, andere um so mehr bei euch bleiben. Nehmt auch diesen Schaffens- und Schöpfungsprozess als euren ureigenen an. Wertet nicht und wundert euch nicht länger über die Intensität, die Schnelligkeit. Ihr bahnt die Neue Zeit des ultimativen Lichts im All-Eins-Sein von allem was ist, war und je sein wird.

Versteht ihr? Eure ultimative Schöpfer- und Schaffenskraft ist gefragt. Ganz und gar. Dass ihr das Licht zu euch holt und Verantwortung für euch übernehmt, für euer Sein und für eure Taten. Ganz und gar. Kein Klagen mehr, sondern Arme ausbreiten und annehmen. So werdet ihr es leichter haben, hoch erhobenen Hauptes ins Licht zu gehen, die Neue Zeit zu umarmen und mit den Energien der Neuen Zeit mitzuschwingen.

❧ Meditation

Hier ist eine kleine Übung für dich, um dich selbst zu erkennen und dein Schöpferdasein von allem was ist, war und je sein wird anzunehmen.

Tauch ein in die Stille deines Seins. Setze dich an einen ruhigen abgeschiedenen Ort in der Natur. Atme tief ein und aus. Fühle in dein Herz. Nimm Verbindung zu deinem Innersten auf, zu deiner Seele, deiner innersten Essenz. Werte die Bilder und Gefühle nicht. Nimm alles, was da kommen will, vorurteilsfrei an.

Dann breite die Arme aus, lege den Kopf in den Nacken und sage drei Mal: »Ja, ich bin. Ja, ich bin. Ja, ich bin. Ja, ich bin reine Schwingung und Schöpfergott meines Lebens. Ja, ich bin Gott, der sich selbst erkennen und lieben will. Ja, ich bin wunderbar, großartig, kraftvoll und mächtig. Alles, was ich will, geschieht. Ich bin pure Schwingung, die sich selbst erkennen und im Wasser der Erkenntnis mit mir und allen anderen verschmelzen will. Ganz und gar. Ja, ich bin. Und das bin ich. Und das will ich. Ja, ich nehme alles an, was da auf mich zukommt. Alles, was ist, war und je sein wird. Ich bin der Schöpfergott, der sich selbst im Außen erkennt. Immer und immer wieder.«

Und dann breitest du die Arme noch mehr aus in Verbindung mit deinem Herzchakra, deiner ureigenen Seelenessenz, und fühlst dich. Das Vibrieren deiner Zellen. Die pure Freude zu sein und mit Allem verbunden zu sein. Mit Allem, was ist, war und je sein wird.

Danach lass den Ton hinaus, der aus deinem Innersten, aus purer Glückseligkeit deiner selbst, herauskommen will. Es kann eine Melodie oder ein Ton sein, der deinem innersten Herzen entspringt. Dann lege den Kopf in den

Nacken und juchze und jauchze ihn hinaus. Oder das Liedchen. Oder was immer da gerade aus dir herauskommen will. Pure Schwingung in der Selbsterkenntnis, wer du wirklich bist und was du wirklich willst.

Nimm nun die Arme herunter und komm über deine Atmung wieder ganz im Hier und Jetzt an. Fühle dich. Fühle das Schwingen und Vibrieren deiner Zellen. Ganz und gar. Das bist *du*. So wunderbar, groß und mächtig. Du hast dich gerade neu geboren und dein Leben und diese Ebene verändert. Einfach so, weil du es wolltest. Durch Schwingung und die Liebe und Selbsterkenntnis in dir selbst. Zu dir selbst.

Ich liebe dich so sehr, du wunderbarer Schöpfergott. Traue dich, du selbst zu sein. Traue dich, das zu leben, was da deinem Innersten entsprungen ist, und es in diese Welt und damit in die All-Einheit zu holen. In alles, was ist, war und je sein wird. Und wenn du diese Meditation abkürzen willst, dann denke dir einen Satz oder ein Wort dafür aus. Für all diese Sätze, die nun in deinem Innersten verankert sind, du Schöpfergott. Und mach diese Meditation immer dann, wenn du sie gerade brauchst. Einfach so. Das Wort oder der Ton ist bei dir, und schon bist du wieder in deinem Innersten angekommen. Fühle dich und fühle das, was du wirklich willst. Und sei dir deiner ureigenen Größe und Einzigartigkeit bewusst.

So gehst du mit diesem ureigenen Schwingungston oder Liedchen, das dich begleitet, durch den Tag. Sei offen dafür, dass sich dieser Ton und dein Liedchen wandeln können, weil du selbst dich wandelst. Und mach die große Meditation immer wieder neu, wenn du willst. Erkenne dich dabei stets selbst, indem du erkennst, wie sehr du dich wieder in Licht gewandelt hast.

Und je mehr du dir deiner selbst bewusst bist, dir bewusst bist, wer du bist und was du wirklich für dein Leben willst, desto leichter haben es auch die anderen, das herauszufinden. Durch Schwingung. Durch Frequenz. Und so hat es auch dieser wunderbare Planet, Mutter Erde, die dich trägt und liebt, leichter, in die All-Einheit und ins Eins-Sein zu gehen mit allem, was ist, war und je sein wird.

Dadurch wandelt sich das gesamte Universum. Die gesamte Existenz. Weil sie sich selbst erkennt. Weil du dich erkennst und wandelst. In dir, mit dir und mit allem, was je existiert. Und dann kann die große kosmische All-Einheit sich bahnen, in der ihr euch alle selbst erkennt. Und wir alle gemeinsam dahin zurückgehen, wo wir herkommen. Dann schließt sich der Kreis und die goldene Kugel der All-Einheit, des Eins-Seins von allem was ist, war und je sein wird, ist gebahnt.

Das Licht ist gebahnt. Und wird von dir und allen gebahnt. Mehr und mehr. Immer mehr. Trau dich, diese Meditation zu machen und für euch einzustehen!

Auf Wiedersehen im Licht der Erkenntnis, wer ihr wirklich seid und immer wart. Holt das Licht in eure Zellen hinein. Ganz und gar. Befreit eure Zellen, denn das Licht war schon immer in euch. Ganz und gar. Durch Schwingung. In eurer DNA. Ganz und gar. Vollständig.

Ich freue mich so sehr! Danke, dass ihr da seid und das Licht für uns alle bahnt. Für diese Existenz. Für alles Leben. Für alles, was je gelebt hat und war und sein wird. Der Kreis der Erkenntnis schließt sich, und das Wasser der Erkenntnis darf wieder mit dem großen kosmischen Urmeer verschmelzen. Mit allem was ist, war und je sein wird.

Auf Wiedersehen. Ich liebe euch wirklich unendlich. Einmal hin und zurück durchs Universum und durch Zeit und Raum. Im Angesicht der Erkenntnis, wer ihr seid, schon immer wart und sein werdet. Ich liebe euch.

Kosmische Weisheit

Meine Freundinnen und Freunde,

ich, Semjase, spreche zu euch vom Baum der Erkenntnis, um euch die kosmische Weisheit nahe zu bringen und sie in euch hineinfließen zu lassen. Also macht euch bereit, indem ihr die Arme ausbreitet und kosmisches Wissen empfangt. Und indem ihr offen dafür seid, dass alles geschehen kann und alles Schwingung ist. Immerdar und ewiglich.

Diese Schwingung kann gebahnt werden und wird durch euch gebahnt. Aber sie ist ständigem Wandel unterworfen. Genau wie der Kosmos. Farben und Formen sind niemals gleich. Also macht euch bereit für die Bewegung und Veränderung in euch, mit euch und um euch herum.

Die Wege sind gebahnt! Wie wunderbar und großartig. Ihr seid nun offen für das Licht, das nie gleich ist. In euch, mit euch und um euch herum. Werdet fließend und durchlässig, genau wie das Licht. Haltet an nichts mehr fest. Alte Wege wollen überholt und neue gebahnt werden. Und auch die können sich jederzeit verändern und sich eurer momentanen Situation und der Situation des gesamten Kosmos anpassen. Immerdar und ewiglich.

Je mehr ihr euch dafür öffnet und euch fallen lasst, um so besser. Breitet die Arme aus und empfangt das Licht der Ewigkeit, das als kleine Flamme, als zartes Pflänzchen, in euch liegt. Immerdar und ewiglich. In eurem Herzchakra. Verschmelzt damit. Seid liebevoll und zart und zärtlich zu euch. Verschmelzt mit dem, was ist. Dann habt ihr auch keine Angst mehr vor eurer ureigenen Größe und Göttlichkeit und könnt euren Kristallkörper aktivieren. Und so mit den kosmischen Energien verschmelzen und auf der Regenbogenbrücke kristallinen Lichts in die Unendlichkeit reisen. In den unendlichen Raum zwischen den Welten, wo scheinbar nichts ist, aber alles geschehen kann. Weil ihr euch geöffnet habt. Dem kosmischen Raum in euch Platz gegeben habt. Und offen wart und offen seid für Wandel, der in jedem Moment und zu jeder Zeit eures Lebens geschehen kann.

Ihr schwingt mit allem, was ist, war und je sein wird, mit. So könnt ihr die kosmische Unendlichkeit erreichen. Und wisst ihr was? Die liegt in euch. Immerdar und ewiglich. Ja, so soll es sein und so wird es sein.

Auf, auf, ihr Lichtträger kristallinen funkelnden transzendenten regenbogenfarbenen Lichtes der Neuen Zeit des kosmischen All-Eins-Seins! Genießt die kosmische Schwingung, die den Wandel in euch, mit euch und mit allem initiiert, was ist, war und je sein wird. Und bleibt offen für Neues und für die Bewegung, die jede Schwingung mit sich bringt. Jede neue Welle kristallinen Lichts, die in eure Zellen vordringt und sie in kristallines Licht hüllt. Auf dass eure DNA sich erneuern und in die Verschmelzung und Unendlichkeit mit allem gehen möge, was ist, war und je sein wird – in eins mit allem, was ist, war und jemals sein wird.

Wie wunderbar und großartig! Das Licht wird gebahnt, weil ihr das so wollt. Und weil der Erkenntnis- und Verschmelzungsprozess nun endlich begonnen hat. Ganz praktisch in eurer DNA, die neu kodiert wurde. Das, was schon immer da war, wurde befreit und erkennt sich selbst. Pures Licht, das zu Licht geworden ist. Wie wunderbar und großartig. Die Zeitqualität der Wandlung und des Lichts ist da. Und es entspringt euch. Eurem Innersten, wie das pure Wasser dem Quell des Lichts vom Baum der Erkenntnis. Dem, was ihr schon immer wart und wieder sein werdet, Schöpfergöttinnen und Schöpfergötter puren regenbogenfarbenen kristallinen Lichts des kosmischen All-Eins-Seins.

Lasst uns feiern … und bewegt euch innerhalb des regenbogenfarbenen kaskadenförmigen wasserfallartigen Lichts, das nie stillsteht und über Schwingung zu euch kommt. Ganz tief in euch. In eure Zellen hinein und zu eurer DNA fließt. Das Licht ist gebahnt. Ganz einfach, weil ihr es so wollt. Und weil dieser Weg der Erkenntnis schon immer geplant war und nun gebahnt ist.

Ich verabschiede mich jetzt von euch und freue mich sehr, ihr schwingenden transzendenten Götter des Lichts. Die ihr gekommen seid, um diese Ebene zu wandeln und mit allem, was ist, war und je sein wird, in die kosmische All-Einheit einzugehen. Badet euch im regenbogenfarbenen göttlichen Licht am Baum der Erkenntnis auf dem Planeten der Weisheit, ihr meine Freundinnen und Freunde des Lichts. Lasst euren kristallinen Lichtkörper funkeln und erstrahlen. Und habt keine Angst davor, wenn die Farben und Formen wechseln. Lasst euch einfach hineinfallen ins Wasser der Erkenntnis und der Weisheit und genießt das Wechselspiel eurer schillernden Farben und Formen im Angesicht Gottes, der ihr selbst seid. Ihr Schöpfer kosmischen, kristallinen regenbogenfarbenen Lichts, die die neue Zeit der Einheit von allem bahnen, was ist, war und je sein wird.

Es ist vollbracht! Ich umarme, segne und drücke euch ganz fest. Und wenn ihr schon in eurem Kristalllichtkörper verankert und mit ihm verschmolzen seid, wird das Drücken ein wenig anders ausfallen. Es geschieht dann wahre Verschmelzung von Farben und Formen zum kaskadenartig regenbogenfarbenen Licht der Erkenntnis. Der Gott, der sich selbst erkannt hat. Einfach so. Und der nun tun und lassen kann, was immer er will. Und keine Angst mehr vor Bewegung und Wandel hat. In sich, mit sich und um sich herum. Ja, das Licht ist gebahnt. Das immerwährende kristalline, regenbogenfarbene Licht der All-Einheit in euch, mit euch und mit allem, was ist, war und je sein wird.

Auf Wiedersehen im Licht der Erkenntnis, wer ihr seid und wer ihr schon immer wart: schillernde Göttinnen und Götter regenbogenfarbenen kosmischen Urlichts des All-Eins-Seins und der kosmischen Verschmelzung mit allem, was ist, war und je sein wird.

Auf Wiedersehen, meine Freunde. Ich liebe euch so sehr! Und freue mich schon auf den Tag der ultimativen Verschmelzung mit euch, in euch und um euch herum. Das kosmische All-Eins-Sein ist nun gebahnt. Einfach so. Wie wunderbar und großartig. Und ihr habt es euch immer so kompliziert vorgestellt. Dabei ist es ganz einfach. Weil es schon immer in euch war. In euren Zellen. Weil eure DNA nur darauf gewartet hat, neu programmiert und kodiert zu werden. Einfach so. Und ihr habt euch kraft eures Willens bereit erklärt, euch nun als gesamte Menschheit dafür zu öffnen. Wie wunderbar und großartig. Und nun kann alles geschehen, was geschehen soll und darf und schon immer geplant war.

Die kosmische Unendlichkeit begegnet sich selbst … im spiralförmig-kaskadenartig regenbogenfarbenen Licht der Erkenntnis, wer die Unendlichkeit wirklich war und ist. Und dann geht es weiter zur goldenen Kugel der All-Einheit und des Eins-Seins mit allem, was ist, war und je sein wird. Das Licht im kosmischen All-Eins-Sein ist gebahnt! Ich freue mich so sehr und schlage Purzelbäume auf der Regenbogenbrücke des Lichts des kosmischen All-Eins-Seins.

Kosmisches Lernen

Hallo, meine Schöpfergöttinnen und Schöpfergötter,

geht es euch gut? Seid ihr mit allem verbunden, was ist, war und je sein wird? Mit der All-Einheit und mit dem Eins-Sein in euch, mit euch und um euch herum?

Ich liebe, schätze und achte euch sehr, meine Freunde. Bitte gebt auf euch acht. Auf euer Tun und Lassen kommt es in diesem Moment an. Aktiviert eure Freude darüber, dass ihr nun genau wisst, was ihr macht, und dass von nun an alles gebahnt ist. Alles wird leichter werden, wenn ihr euch darauf einlasst und die multidimensionalen schöpferischen Energien der All-Einheit immer mehr in euren Alltag holt, zu euch. Und wenn ihr aus dieser dreidimensionalen Ebene eine multidimensionale Ebene macht. Einfach so. Indem ihr euch wandelt. Von innen nach außen. Einfach so. Und das Licht auf diese Ebene holt. Damit verändert sich nämlich der gesamte Aufstiegs- und Lernprozess für diese Ebene. Und auch wir können ganz anders und viel mehr bei euch sein, wenn ihr uns annehmt und empfangt und uns und die Energie der Neuen

Zeit mit ausgebreiteten Armen empfangt und zu euch holt. Ins Hier und Jetzt. In euren Alltag. Wie innen so außen. Dadurch wird sich das Klima hier auf der Erde und von allem was ist, war und je sein wird, wandeln.

Das kosmische Lernen! Das kosmische Lernen, wer ihr seid, impliziert eure Offenheit und Neugier Neuem gegenüber. »Was der Bauer nicht kennt, frisst er nicht«, mag mal eine gute Prämisse gewesen sein, ist aber jetzt komplett fehl am Platz. Eure Neugier und euer unbändiger Wissenshunger sind gefragt, beides Voraussetzungen zum Lernen. Und in jedem Moment neu zu schauen, was das wirklich mit euch zu tun hat und ob das Wissen auch von eurem Herzen empfangen werden kann. Prüft *alles* mit eurem Herzen. Wenn es sich für euch wahr und wahrhaftig anfühlt, geht dafür … Dann seid euch nicht zu schade, nach Antworten zu suchen und die Menschen zu finden, die sie euch geben und mit denen ihr das kosmische Wissen teilen könnt. So verschmelzt ihr wiederum mit euren Brüdern und Schwestern des Lichts und kreiert eine kosmische Energiewolke aus Wissen, die euch stärkt und auch andere Menschen mit sich ziehen kann. So ist es in der Tat immerdar und ewiglich.

Hurra, ihr bahnt das Licht! Ihr seid Lichtbahner und Lichtträger des neuen kosmischen Zeitalters des All-Eins-Seins mit allem, was ist, war und je sein wird. Prima. Und gemeinsam stärkt und verbindet ihr euch und holt alle anderen ab, da wo sie gerade stehen. Einfach so. Ohne Urteil. Der eine braucht ein bisschen länger, beim anderen geht es schneller, euer kosmisches Wissen, eure Erkenntnisprozesse, mit ihm zu teilen. Lasst ihnen Zeit. Lasst allen Zeit. Und wartet ab, bis sie zu euch kommen. Auch sie wollen ihr Leben verändern. Auch sie spüren den Wandlungsprozess der Erde und wollen wissen, wie sie sich selbst, ihr Leben und das Leben auf der Erde in dieser intensiven Zeit des Wandels meistern können. Also gebt acht auf euch, verbindet und verbündet euch und bildet Gemeinschaften, Wissensgemeinschaften, die das Wissen dann weiter nach außen tragen. Zu denen, die wissen *wollen*. Und den anderen lasst ihr Zeit.

Vermittelt das Wissen ganz praktisch und einfach, Lehrer der Neuen Zeit. Lasst euch nicht länger unterkriegen und sagen, was ihr zu tun und zu lassen habt. Übernehmt Verantwortung für eure ureigenen Erkenntnisprozesse und damit für diese ganze Welt. Gebt das weiter, was euch wichtig erscheint. Prüft genau, ob das Wissen, das zu euch kommt, wahrhaftig ist oder nicht. Prüft es mit eurem Herzen. Und gesteht das auch allen anderen zu, denen ihr das kosmische Wissen vermitteln wollt, mit denen ihr euer Wissen teilen wollt. Gebt das Wissen in Respekt und Achtsamkeit weiter. Einfach so. Ohne Urteile. Das ist gefragt. *Ihr* seid gefragt, diese Welt zu retten und sie von der Dreidimensionalität ins Licht zu bringen, in die Mehrdimensionalität, in die All-Einheit hinein. Ihr rettet damit nicht nur diese Welt, sondern die gesamte Existenz. Führt sie wieder dorthin zurück, wo sie herkommt. Aus Licht ins Licht. Weil es sich selbst erkannt hat und mit sich verschmilzt. Das Licht wird zu Licht und kehrt zum Licht zurück. Immerdar und ewiglich. Für immer und ewig. So sei es in der Tat.

Aus meinen Schöpfergöttern werden Lehrer der Neuen Zeit! Lehrer des All-Eins-Seins mit allem, was ist, war und je sein wird. Und eure gewandelte DNA wird nicht nur in euch verschmelzen, sondern auch mit allen anderen. Wenn ihr euch zusammen tut, erschafft ihr einen gigantischen Pool aus gemeinsamer Schöpfungs-DNA aus Licht. Wie wunderbar und großartig das ist! Ihr verschmelzt nicht nur in euch und mit euch, sondern auch miteinander, und erschafft einen riesigen Pool kosmischen Lichtes immerdar und ewiglich. Ihr verschmelzt mit allem, was ist, war und je sein wird. In euch. Mit euch. Und mit allen anderen. Und wenn ein bestimmter Prozentsatz von euch seine kosmische Realität annimmt, sich immer mehr in sich selbst wandelt und sich mit uns verbindet und verbündet, können die Wege des großen kosmischen All-Eins-Seins um so schneller gebahnt werden.

Ja, lasst los und lasst fließen, und euer ist das Himmelreich, das in euch wohnt. Lasst alles zu, was zu euch kommen will. Stemmt euch nicht mehr gegen das Wissen und die Weisheit, sondern fließt mit allem, was ist, war und je sein wird und zu euch kommen will. In die Allheit eurer verschmolzenen kosmischen DNA, hinein ins Eins-Sein von allem was ist, war und je sein wird. Und gebt das Wissen und die Verschmelzung weiter. An jene, die offen dafür sind. Die anderen lasst in Ruhe. Bis sie von sich aus kommen und Fragen stellen. Dann werdet ihr Antworten für sie haben und auch sie zum Verschmelzen einladen können mit allem, was ist, war und je sein wird. So sei es immerdar und ewiglich.

Der Weg des kosmischen Urlichts ist gebahnt! Diese Ebene geht ins Licht! Verbindet und verbündet sich. Miteinander. Ineinander. Mit allem, was ist, war und je sein wird.

Macht's gut, ihr kosmischen Wissensverbreiter. Ich liebe euch unendlich. Einmal hin und zurück durchs Weltall in Lichtgeschwindigkeit. Macht's gut, ihr Göttinnen und Götter des Lichts, geboren aus regenbogenfarbenem kosmischen Urlicht, das wieder zu euch kommen will und darf. So soll es sein und so wird es sein. Immerdar und ewiglich.

Kosmische Stille

Ihr Lieben und Allerliebsten,

ich bin bei euch. In jedem Moment eures Seins. Zu jedem Moment eures Seins. Immer und ewiglich.

Ihr wollt mich und alle anderen Freunde aus den geistigen multidimensionalen Ebenen hören, fühlen oder sehen? Dann geht in die Stille hinein. Mit euch. In euch. Und um euch herum. Es ist sehr wichtig für euch, dass ihr euch aushaltet. Ihr euch. Ganz allein. Nur mit euch. Ohne Ablenkung. Erst dann könnt ihr euch spüren und über euer kosmisches Wissen verfügen. Oft haltet ihr euer Sosein gar nicht aus und sucht Ablenkung im Außen. Doch ich sage euch, wenn ihr Verbindung zu uns aufnehmen wollt, dann läuft das nur über innere Stille. Über Ruhe und Frieden in der Stille. In euch und um euch herum. Also dehnt euch aus, indem ihr in eurem Inneren Platz schafft, ins Eins-Sein mit euch kommt. Dann könnt ihr auch alle kosmischen Impulse wahrnehmen, die durch eure Seele zu euch kommen. Die immer mit uns allen verbunden sind und von jeher waren. Von allem was ist, war und je sein wird. Ich sage euch, schafft euch Räume.

Was heißt das, sich Räume schaffen? Schafft euch Räume, wo ihr in innerer Stille sein könnt. In euch. Mit euch. Um euch herum. Wie das möglich ist? Diese Frage habe ich erwartet. Euer Alltagsleben ist turbulent, genau wie eure sozialen Verpflichtungen in euren Beziehungen. Aber ich sage euch: Wo ein Wille ist, ist auch ein Weg. Steht zu euch. Steht zu euren Taten. Eure Freunde verstehen das. Wahre Freunde verstehen, wenn ihr Stille braucht. Wenn ihr Ruhe wollt. Sie lassen euch sein, wie ihr sein wollt, und hängen nicht mit irgendwelchen Erwartungen an eurem Rockzipfel.

So soll es sein und so darf es sein. Immerdar und ewiglich. Äußere Stille fördert innere Stille. Und doch könnt ihr auch an einem komplett turbulenten Ort sein und in die innere Stille gehen. Wenn ihr das vorher geübt und die Schwingung der Ruhe und des Friedens, des Eins-Seins mit euch und um euch herum, zu euch geholt habt, könnt ihr das überall tun, in jedem Moment eures Seins. Aber leichter ist es bei äußerer Stille. Übt euch darin. Programmiert euch. Programmiert euch aufs Eins-Sein mit euch, in euch und um euch herum, und eure Zellen werden es euch danken. Eure DNA wird zerfließen und verschmelzen und euch neu programmieren. Und um diesen Prozess bewusst zu unterstützen, kommt ins Gewahrsein eurer selbst. Dann holt ihr das Gefühl des All-Eins-Seins in der Stille mit euch, in euch und um euch herum zu euch und könnt es jederzeit abrufen.

Das ist die *Voraussetzung*, uns jederzeit hören, fühlen und sehen zu können. Das Gleiche gilt für euer Herz. Und für die Impulse eurer kosmischen Seele. Also findet Ruhe und

Gelassenheit aus der Mitte eures Herzens, aus eurer inneren Mitte heraus. Und von da aus stellt ihr euch die goldene Kugel des All-Eins-Seins vor und nehmt Verbindung zu allem auf, was ist, war und je sein wird. Am meisten zu euch. Zu eurer Essenz. Eurer Seele, die mit allem, was ist und jemals war, verbunden ist. Innere Räume erschaffen äußere Räume und neue Möglichkeiten des All-Eins-Seins in euch, mit euch und um euch herum.

Nun, wie schafft ihr das am allerbesten? Ganz einfach. Indem ihr euch liebt, euch selbst liebt, und auf die Impulse eurer Seelenessenz hört. Indem ihr diese Impulse achtet, respektiert und wertschätzt. Verlagert das Wichtige in eurem Leben, *eure* Wichtigkeit, in euer Innerstes. Ihr selbst seid der größte Schatz, das größte Juwel, das es je gab. Was wollt ihr im Außen finden und erfinden, was nicht schon längst in euch ist? Wohin wollt ihr reisen, was wollt ihr euch anschauen, wenn ihr doch mit eurem Energiekörper interdimensionale Reisen machen könnt? So soll es sein, so darf es sein. Immerdar und ewiglich.

Also kommt zur Ruhe. Liebt, achtet und wertschätzt euch, indem ihr die Stille in jedem Moment eures Lebens zu euch holt. Einfach so. Weil ihr es wollt. Und weil ihr dieses Gefühl kennt. Wie wunderbar und großartig, ihr Träger kosmischen, regenbogenfarbenen Urlichts der Erkenntnis von allem was ist, war und je sein wird! Ich liebe euch so sehr. Und ich weiß, dass ihr das alle hinbekommt. Wir werden uns alle wiedersehen und gemeinsam erst einmal ordentlich feiern. Aber die Party wird ganz anders sein, als ihr es kennt. Als ihr es erwartet. Kosmische Feiern gehen durch Zeit und Raum. Sie reichen über die Regenbogenbrücke der All-Einheit überall hin, in alle Universen. Ihr könnt in die Unendlichkeit reisen. Euch der Unendlichkeit hingeben. Euch vollständig fallen lassen und euch an den Ort, an dem ihr sein wollt, kraft eures Willens hinbeamen und euch dort wiedergebären. Ja, das alles könnt ihr, wenn ihr mit euch und in euch in die Stille geht und Verbindung zu uns aufnehmt.

Das Licht ist gebahnt! Euer Licht ist gebahnt! Ein weiterer Schritt ins kosmische All-Eins-Sein ist getan! Einfach nur, weil ihr Stille erfahren wollt und sie erfahrt. Und ihr euch die Möglichkeiten dafür erschafft.

❧ *Meditation*

Wie kommst du in die Stille? Nimm Verbindung zu deiner Seele und zur kosmischen Unendlichkeit von allem was ist auf, von allem, was war und je sein wird. Danach atme tief ein und aus. Fühle in dich hinein. Was macht dich aus? Was ist dir wichtig? Wer bist du eigentlich? Wer bin *ich* und was will ich *wirklich* in meinem Leben? In mir. Mit mir. Mit allem, was ist, was war und was je sein wird. Will ich mich im Außen verlieren oder mich in mich zurückziehen? Wo ist mein innerer Rückzugsort?

Lege die Hände auf dein Herzchakra und fühle in dich hinein, um dir diese Fragen zu beantworten. Dann atme tief ein und aus. Bei jedem Ausatemzug lässt du all die Erwartungen und den alltäglichen Druck von dir abfließen. All das, was du von dir erwartest. Und was du dir vorgestellt hast, wie die Dinge eben zu sein haben. Du kommst in die Stille hinein. Betrittst den Pfad der Stille. Deine Gedanken sind einfach da. Du schenkst ihnen keine weitere Beachtung. Du legst sie auf Wolken, und sie dürfen sanft weiterziehen.

Nun kommst du mit jedem Atemzug mehr und mehr bei dir an. Wo ist deine Essenz? Wer bist du? Woher kommst du? Frage dich das tief in dir drin, in der sicheren Gewissheit, dass du Antworten bekommen wirst. Ganz tief in dir drin, in deinen Zellen, ist alles Wissen gespeichert. Deine Allverbundenheit. Wie auch jede Erfahrung, die du ihnen gibst. Jedes Gefühl programmiert deine Zellen neu. Wie auch jetzt das Gefühl der Ruhe und Stille. Und des Friedens in dir, mit dir und um dich herum. So ist es in der Tat. Immerdar und ewiglich.

Wenn du von dieser Meditation, aus diesem wunderbaren Zustand des Eins-Seins von allem was ist, war und je sein wird, mit dir und um dich herum, wieder auftauchst, dann behalte das Gefühl der Ruhe tief in deinen Zellen. Verankere es, so dass du es jederzeit wieder abrufen kannst. Immerdar und ewiglich. Egal, in welcher Situation. An welchem Ort. Zu welcher Zeit. *Jederzeit*. Wir helfen dir dabei. Konzentriere und programmiere dich. Auf dich selbst. Auf dein kosmisches Sein. Auf Ruhe und Frieden, und schon sind wir da. Schon befindest du dich in der All-Einheit von allem was ist, war und je sein wird. Einfach so. Weil du es so wolltest. Und weil dein Wille geschieht. Weil dein mächtigstes Instrument zum Lernen und Verankern in dieser Welt ist, um dir ein wunderschönes stilles friedliches Leben zu erschaffen. In dir. Mit dir. Um dich herum. Dann brauchst du im Außen keine Ablenkungen mehr, weil alles in dir wohnt. Keine großen Reisen mehr. Keine Zerstreuungen.

Warum willst du Ablenkung? Du trägst so einen Schatz in dir. Das Außen kann und wird dir das niemals geben können, was du in dir findest. Immerdar und ewiglich. Für immer und ewig. So ist es in der Tat.

Wir freuen uns schon, kosmische Feiern mit euch zu begehen. Und quer durchs Universum mit euch zu reisen, hin und zurück. Dann werdet ihr wirklich wissen, dass ihr niemals allein wart. Dass wir immer bei euch waren und euch immer unterstützt haben, die ganze Zeit, aber auch stets euren freien Willen beachtet und berücksichtigt haben. Euren Seelenauftrag in dieser Welt. Den allein *ihr* leben und für *euch* finden und entdecken könnt. In der Stille eures Seins. Um von dort aus weiterzuziehen. In die kosmischen Gefilde zu reisen, in andere Dimensionen. Zurück zu eurem Ursprung und damit zu euch selbst. Mit euch selbst. In euch selbst. Mit allem, was ist, war und je sein wird. So soll es sein, so darf es sein.

Ich verabschiede mich und wünsche euch noch ein frohes Erschaffen eurer ruhigen stillen Realität in euch, mit euch und um euch herum. So soll es sein, so darf es sein. Immerdar und ewiglich. Für immer und ewig. Wir sehen uns in der goldenen Hängematte des All-Eins-Seins. Auf der Regenbogenbrücke ins Glück, die in euch selbst beginnt. Ihr seid die Nabelschnur für diese Welt. Ihr werft Anker vor Ort. Mit eurem Herzen, eurer Anbindung und Verbindung zu eurer Seelenessenz. In der Stille findet ihr das All-Eins-Sein in euch, mit euch und um euch herum, den größten Schatz, den ihr je bergen könnt, ganz nahe bei euch und in euch und schon immer da. Immerdar und ewiglich. Für immer und ewig.

Wir sehen uns. Wo auch immer. Wann auch immer. Ich bin gespannt, was jetzt, in der Stille eures Seins, so alles geschieht.

Kosmisches Verstehen

Ihr Lieben und Allerliebsten,

ich liebe euch so sehr und freue mich darauf, dass wir nun alle wieder zusammenfinden werden. Alle Wesen öffnen ihre Herzen, und schwupps, schon ist der kosmische Rat da und bahnt auch euch den Weg ins All-Eins-Sein. Dann seid ihr nicht mehr getrennt voneinander und miteinander, weil ihr euch von euch selbst abgetrennt habt. So soll es sein, so darf es sein. Die Menschen dürfen jetzt ins All-Eins-Sein gehen, gemeinsam und für sich. Ganz offiziell.

Ich bitte euch: Bahnt den Weg auch für die, die es nicht verstehen, aber offen sind für die Schwingung der Neuen Zeit. Offen und neugierig. Erklärt ihnen in einfachen Worten, worum es geht, und macht es so praktisch wie möglich. Aus dem Alltag heraus. Sagt ihnen, wie sie glücklich sein können. Noch glücklicher. Was sie alles tun können, um noch mehr Licht zu aktivieren und zu sich zu holen. Und vor allem, dass sie nie getrennt waren. Von nichts und niemandem. So viele von euch fühlen sich allein, allein gelassen.

Doch das ist nur das Rufen eurer Seele nach Verschmelzung. Sie will nicht mehr in der Dreidimensionalität verkümmern, sondern mit allen Dimensionen verschmelzen. Sie will euch mit allem verbinden, was je existiert hat. Mit allem, was ist, war und je sein wird. Also achtet auf euch und darauf, wie ihr euch selbst behandelt. Holt das kosmische Verstehen in jedem Moment zu euch. Und gebt es an die Neugierigen weiter. Auf dass auch sie verstehen.

Es geht nicht darum, zu überzeugen und zu manipulieren. Das wurde schon so oft in der Menschheitsgeschichte versucht. Es geht um *Hingabe* an die Menschheit. An die All-Einheit. Ans Eins-Sein von allem was ist, war und je sein wird. In voller Verantwortung und vollem Respekt für euch selbst, den Menschen und Mutter Erde. Dabei achtet auf euch. Achtet auf eure Gefühle. Prüft immer die Wahrhaftigkeit dessen, was ihr hört. Fühlt sich das für euch gut und richtig an oder nicht? Und das dürft ihr auch allen anderen zugestehen, denen ihr kosmisches Wissen nahebringen und klar machen wollt. Auf dass auch sie verstehen. Vor allem ihre Wichtigkeit und dass sie niemals getrennt waren von allem was ist, war und je sein wird. Kein Überzeugen, sondern Fließenlassen, Loslassen und Schwingen mit den Energien der Neuen Zeit. Die ja längst da sind. Und zusätzlich von eurer DNA gebahnt werden. Alle Menschen sind nun gefragt. Alle Menschen werden mehr und mehr Fragen stellen und mehr und mehr spüren. Immer sensibler werden, die Schwingungen der Neuen Zeit fühlen und bestimmte Erlebnisse haben. Dann kann es sein, dass sie sich nicht trauen, darüber zu reden, weil sie sich nicht mehr auskennen. Und genau solchen wunderbaren Katalysatoren der Neuen Zeit könnt ihr den Weg bahnen, Transmitter und Transponder von allem was ist, war und je sein wird, die ihr seid. So soll es sein, so darf es sein.

Kosmisches Verstehen ist angesagt. Die eigene Wichtigkeit darf euch bewusst werden. Jedem Einzelnen von euch. Total. Uneingeschränkt. Genau wie die Verantwortung, die ihr tragt … und dass ihr liebevoll mit euch und eurer Seelenessenz umgehen müsst. Das trägt euch durch diese Zeiten. Und wenn ein bestimmter Prozentsatz der Menschen das kosmische Wissen immer mehr lebt, so bahnt ihr das kosmische Verstehen für alle anderen mit. Wer sie auch sind. Woher sie auch kommen. So dass sie plötzlich dies, das oder jenes spüren, hören oder sehen können. Weil sich die Wege zwischen den Welten immer mehr auftun. Weil alle Welten zunehmend miteinander verschmelzen. Keine Trennung mehr. Aus der Trennung in die Einheit. Dies geschieht. Da wollt ihr hin und alle anderen auch. Ihr bahnt den Weg des kosmischen Verstehens für alle anderen mit, Lehrer der Neuen Zeit, Lehrer des Regenbogenzeitalters des Glücks und All-Eins-Seins. Einfach so. Ohne Wenn und Aber. Durch euer Sein. Durch euer Sosein. Andere werden auf euch aufmerksam, weil sie eure Ausstrahlung spüren. Und wenn sie beginnen, ihre Herzen zu öffnen und Fragen zu stellen, seid ihr an der Reihe. Dann seid ihr gefragt. Dann bahnt ihr den Weg des kosmischen Verstehens von allem, was ist, war und je sein wird. So soll es sein, so darf es sein. Ihr bahnt dann das Licht. Allesamt! Immerdar und ewiglich. Für immer und ewig.

Und wenn ihr beginnt, euer kosmisches Verstehen und euer Wissen anzuzweifeln, entspannt euch und kommt aus dem Kopf ins Herz. Kommt ins Fühlen und Spüren. Fühlt, was gut für euch ist, was euch gut tut. Und dann verlasst ihr wieder die Trennung. Dann geht ihr den Weg der All-Einheit in euch, mit euch, den Weg von allem was ist, war und je sein wird. Ihr wisst genau, wie ihr Voranschreiten wollt. In euch. Mit euch. Mit allen anderen. Mit allem, was ist, war und je sein wird. Gemeinsam. Einfach so. Miteinander. Hand in Hand. So soll es sein, so darf es sein. Immerdar und ewiglich. Für immer und ewig.

Also lasst los und lasst gehen. Euer ist das Himmelreich. Lasst fließen. Die Erkenntnisse, wer ihr eigentlich seid, woher ihr kommt und was ihr wirklich für euch wollt, werden euch den Weg ins Licht bahnen. Und dieses allumfassende Verstehen dürft ihr auch allen anderen zugestehen. Herzen auf. Aus dem Kopf raus. Vom Sezieren und Analysieren ins Fühlen kommen. Aus der Trennung in die Einheit gehen. In euch. Mit euch. Und mit allem, was ist, war und je sein wird. Immerdar und ewiglich. Für immer und ewig.

Wie findet ihr den Weg zu euch? Zu eurer Seele? Wie lasst ihr den schönen Worten auch Taten folgen? Wie spürt ihr, ob das wahrhaftig ist, was euch gesagt wird? Indem ihr ins Fühlen kommt. Indem ihr euch liebt, achtet und wertschätzt, wie ihr seid. Und indem ihr achtsam mit all dem umgeht, was zu euch kommt. Aufmerksam bleibt. Euch demütig und hingebungsvoll reflektiert und damit den Raum der Erkenntnis erschafft. Ihn euch kreiert. Den Raum, in den alles Wissen und Verstehen, wer ihr seid und woher ihr kommt, einfließen kann. Weil ihr euch in eurer ganzen Größe und Schönheit anerkennt und respektiert. Dann seid ihr auch offen für neue Impulse, weil ihr für die Schwingung der Neuen Zeit bereit seid. Erhöht diese neue Schwingung! Wenn ihr eure Schwingung für euch selbst erhöht durch Emotionen wie Liebe, Freude und Frieden, dann kommt ihr viel mehr ins kosmische Verstehen von allem was ist, war und je sein wird. Mit euch und in euch. Immerdar und ewiglich. Für immer und ewig.

Wir bahnen dann gemeinsam den Weg des Lichts. Wir. Ihr. Gemeinsam mit euch. Alle miteinander gehen wir dann in die All-Einheit. Kehren dorthin zurück, woher wir kommen. Immerdar und ewiglich. Für immer und ewig.

 ## Meditation

Hier ist eine Übung, die dich ins Verstehen des kosmischen All-Eins-Seins bringt:

Nimm dir Raum und Zeit für dich. Atme tief ein und aus. Komm zur Ruhe. Fühle dich. Wie fühlst du dich gerade? Was machen deine Gedanken? Was macht dein Gedankenkarussell? Kannst du es kraft deines Willens ausschalten, indem du die Gedanken weiterziehen lässt? Wie schön. Ja, so ist es gut. Und hinter den Gedanken, die dich täglich in jedem Moment deines Seins von dir selbst ablenken, wirst du einen neuen Raum finden. Den Raum der Wertschätzung, Liebe und Dankbarkeit für dich. Dann gehe ganz bewusst in diesen Raum hinein. Wie sieht der Raum aus? Welche Gefühle warten dort auf dich? Welche Erkenntnisse? Gib dich diesem Raum ganz entspannt hin. Ohne viel zu wollen. Einfach so. Betrachte ihn. Wie er aussieht. Wie er riecht. Welche Form er hat. Das bist du. So wunderschön, wunderbar und großartig bist du. Dann halte

inne und hole genau dieses Gefühl der Allverbundenheit, des Respekts und der Liebe zu dir ganz tief in deine
Zellen hinein. Und programmiere dich dadurch neu. Deine
verschmolzene DNA wird es dir danken, weil sie nun auch
durch dich durchströmen und im Außen wirken kann.
Durch dich. Und mit dir. Und um dich. So soll es sein, so
wird es sein. Immerdar und ewiglich.

Nun kehrst du aus diesem Raum wieder zu dir zurück. Behalte das Gefühl des Eins-Seins mit dir und um dich herum
in dir und kehre über die Atmung wieder an diesen wunderbaren Ort des Friedens und der Stille zurück, den du
dir für diese kleine Übung ausgesucht hast. Dann gehst du
in Ruhe und Frieden deines Weges, lässt dir noch ein bisschen Zeit und nimmst dir den Raum dafür, um dieses Gefühl, du selbst zu sein, zu genießen. Weil du herausgefun-
den hast, was wirklich wichtig ist und wer du bist. Und dir
Respekt, Liebe und Dankbarkeit entgegenbringst. Einfach
so. Wie wunderbar und großartig.

Ich freue mich unendlich, dass du dich so wichtig nimmst,
Zeit mit dir zu verbringen. Und mit diesem neuen Verstehen von dir selbst mit dir wieder in die kosmische All-Einheit zurückkehrst. Dorthin, wo du herkommst und wieder
hinwillst. Zu allem, was ist, war und je sein wird. Mit allem, was ist, war und je sein wird. Komplett. Uneingeschränkt. Immerdar und ewiglich. Für immer und ewig. So
soll es sein, so darf es sein. Ich freue mich unendlich und
liebe dich so sehr, du mutige Schöpfergöttin, du mutiger
Schöpfergott und Bahner der Neuen Zeit! Du Bahner des

kosmischen Zeitalters des ultimativen Verstehens deiner selbst. Des Verstehens, was du wirklich von dir willst und was deine Aufgabe ist. Deine Seelenaufgabe, die du dir vor langer Zeit gestellt hast und nun erfüllen darfst. Aus der Trennung in die Einheit gehen. Mit dir. In dir. Und mit allem, was ist, war und je sein wird.

Ich liebe dich unendlich, einmal hin und zurück und quer durchs Weltall. Sei gesegnet mit kosmischem Urlicht, regenbogenfarben und golden zugleich. Wunderschön anzuschauen. Das bist du. Gespiegelt in der Realität. In der Wirklichkeit deiner kosmischen Allverbundenheit von allem was ist, war und je sein wird. Mit allem, was ist, war und je sein wird. Auf Wiedersehen im Licht der Erkenntnis, im Angesicht dessen, was du schon immer warst und wieder sein wirst ... Der Kreis schließt sich.

Die goldene Kugel der All-Einheit, des Eins-Seins von allem was ist, war und je sein wird, kehrt wieder zu uns zurück. Zu uns allen. Wie wunderschön. Und ihr alle seid die Auslöser und Bahner, die Wegbereiter der Neuen Zeit des kosmischen Urlichts, das sich selbst erkannt hat. Weil *ihr* euch selbst erkannt habt. Ich danke euch dafür.

Kosmische Wertschätzung

Meine Freundinnen und Freunde,
ihr Hüter des Lichtes,

lasst es euch gut ergehen immerdar und ewiglich und wert-schätzt euch. Liebt alles, was ist und euch entgegenkommt. All das sind Ausdrücke eurer selbst. All das ist der Erfahrungs-schatz, den es zu lernen gilt, der euch entgegengebracht wird und zu euch kommt, weil ihr es so wollt. Zu hundert Prozent selbst so wollt. Also lasst los und lasst gehen, und euer ist das Himmelreich. Beschwert euch nicht länger, dass die Dinge so oder so sind, sondern nehmt sie als so von euch gewollt, als eure Kreation, an. Erst dann werdet ihr verstehen, was sie euch zu sagen haben. Was ihr daraus lernen wollt.

Eure kosmischen Kreationen führen euch zu euch selbst zurück. In euch selbst. Mit euch selbst. Immerdar und ewig-lich. Für immer und ewig. Schaut euch alles an in dem Wis-sen, wer ihr seid und was ihr alles erschaffen könnt. Schaut es euch vorurteilsfrei an in Liebe, Respekt und Frieden in euch selbst und mit euch selbst. Lasst euch in die Situation hineinfallen. In Demut und Hingabe an das Licht in euch, das ihr seid. Und dann bezieht ihr eure Kenntnisse daraus. Verbindet ihr eure kosmische Seele und eure Präsenz mit der Außenwelt und bringt so Himmel und Erde zusammen … Dreidimensionalität mit Mehrdimensionalität. Weil ihr es so wollt. Weil ihr lernen und die Erfahrungen zu euch holen wollt. Wie wunderbar und großartig. Auch an euren ureigenen Erfahrungen erkennt ihr eure Göttlichkeit von allem was ist, war und je sein wird.

Bestraft euch nicht länger durch eure Urteile, die in eurem Kopf aus alten, vormaligen Gedankenstrukturen entstanden sind, sondern seid achtsam, liebevoll und respektvoll mit euch und euren kosmischen Lernerfahrungen. Sie verbinden euch direkt mit euch selbst und führen euch in eure innerste Essenz ein. So wertschätzt ihr euch wirklich, weil ihr euren Seelenauftrag erfüllt, indem ihr durch euer Lernen altbekannte Glaubenssysteme außer Kraft setzt und durch euren Wandel über euch hinauswachst. In euch. Mit euch. Und um euch herum. Für alle anderen. Mit allen anderen. Für Mutter Erde und die gesamte Existenz.

Also vergesst eure Schuldgefühle und alles, was euch je gesagt wurde. Liebt euch genau so, wie ihr seid. Ihr seid *jetzt* wunderbar und großartig, Schöpfergötter, die sich erkennen und wandeln wollen. Genau *jetzt*. In diesem Moment. Genießt den Moment, auch wenn er sich scheinbar noch so unangenehm für euch anfühlt und fehlerhaft ist. Eure scheinbaren Fehler bringen euch die größten Erkenntnisse. Dann wisst ihr genau, was ihr *nicht* mehr wollt und wie ihr es beim nächsten Mal *tun* wollt. Dann kommt ihr euch selbst wieder ein Stückchen näher. Und dem, was ihr wirklich für euch wollt. In

Liebe, Dankbarkeit und Wertschätzung euch selbst gegenüber. Egal, was ist, war und je sein wird.

Erkennt wirklich und wahrhaft an, dass ihr Schöpfergötter seid, hierher gekommen, um sich im Außen zu erkennen. Immerdar und ewiglich. Für immer und ewig. Und das Außen ist euer Freund, nicht euer Feind. Das Außen spiegelt euch, wo ihr steht und wo ihr hinwollt. Wenn ihr das alles zu euch holt, könnt ihr so viel über euch lernen!

Fangt an, eure eigenen Maßstäbe zu entwickeln. Sie dürfen sein und gleichzeitig flexibel sein. Sie sind wichtig. Denn jeder neue Augenblick hilft euch und gibt euch wieder die Chance, dazuzulernen. Über euch selbst. Mit euch selbst. Von euch selbst. Immerdar und ewiglich. Für immer und ewig. So soll es sein, so darf es sein.

Es ist euch immer noch wichtig, was Freunde und Verwandte und euer gesamtes Umfeld von euch denken? Ich bitte euch! Berücksichtigt, dass sie keine Ahnung von eurem Sein und eurem Seelenauftrag haben. Wie sollen sie denn wissen, was gut und richtig für euch ist? Was sich gehört und nicht gehört? Sie kennen sich noch nicht einmal selbst und kochen ihr eigenes Süppchen, wie ihr so schön sagt. Und das ist sehr oft gefärbt und getrübt von der Vergangenheit, von eigenen Schuldgefühlen und Emotionen der Angst, die dann auf andere übertragen werden, um sich nicht allzu schlecht zu fühlen. Und so entstehen dann Macht und Manipulation. Es sei denn, ihr seid wachsam und aufmerksam und nehmt die Impulse, aber macht euer Eigenes daraus. Zieht euren eigenen Nutzen daraus. In großer Verantwortung euch selbst gegenüber, eurem Sein und eurem Handeln auf dieser Ebene gegenüber. Mit euch selbst. In euch selbst. Sofern ihr verantwortungsvoll damit umgeht. Mit allem, was ist, war und je sein wird. Ja, das dürft ihr wirklich. Verantwortungsvoll damit umgehen. Und je mehr ihr euch selbst kennt und jeden Moment eures Seins als Lernerfahrung wertschätzt, desto besser. Dann seid ihr nicht mehr fremdbestimmt und wie ein Fähnchen im Wind. Dann handelt ihr ohne zu denken, was denn alles sein könnte. Was die anderen denken.

Ihr dürft euch genauso wertschätzen, wie ihr seid. Und entsprechend dürft ihr auch eure Erfahrungen wertschätzen, eure Erkenntnisse über euch selbst und mit euch selbst. Von allem was ist, war und je sein wird. Mit allem, was ist, war und je sein wird. So soll es sein, so darf es sein. Immerdar und ewiglich. Für immer und ewig. Für immer.

❧ *Meditation*

Hier ist eine kleine Übung, um dir die Wertschätzung in deinem Sein, in deinem Leben und in deinem Sosein bewusst zu machen.

Als Erstes fährst du deine Messlatte herunter und justierst dein Leben neu an den Erfahrungen, die du machst und noch machen wirst. Wie wunderbar und großartig. Ein Gott, der sich selbst erkennt und dadurch die Realität verändert. Indem er sich selbst verändert und Himmel und Erde zusammenbringt. Und so die kosmische All-Einheit und die goldene Kugel der Verschmelzung von allem was ist, war und je sein wird zu sich holt.

Schaffe dir Zeit und Raum für dich. Lege deine Hände auf dein Herzchakra. Nimm Verbindung zu dir auf, zu deinem Innersten, zu deiner innersten Essenz. Segne dich. Segne das Licht, das du bist. Atme dabei tief ein und aus. Bei jedem Einatmen lässt du Liebe und Wertschätzung aus dem Kosmos, aus deiner äußeren Seele, zu dir fließen, in dein Innerstes, in deine innerste Essenz. Und bei jedem Ausatmen lässt du all deine Schuldgefühle, Zweifel und schlechten Gedanken, die du über dich hegst, gehen. Du lässt sie in die Erde hinein gehen. Mutter Erde nimmt sie auf, wandelt sie in ihren goldenen Kammern der Erkenntnis in pures Licht und gibt sie der Existenz zurück. Alles was ist, war und je sein wird. Dorthin geht alles, was dich davon abhielt, du selbst zu sein, all das, was dich in jedem Moment deines Seins davon abhielt, dein Leben zu feiern. Aus der Dualität in die Verschmelzung von allem was ist, war und je sein wird. Das ist der Weg dieser einfachen Übung.

Fühle, wie du leichter und leichter wirst. Immer freier in deinem Erkenntnisprozess über dich selbst. Atme tief ein und aus. Mach weiter mit Loslassen und Aufladen. Den Gedanken in deinem Kopf schenkst du *keine* Wertschätzung. Dir selbst, deinem göttlichen Sein und deinem Herzchakra schenkst du *alle* Wertschätzung. Und dann spürst du das kosmische Licht in dir. Wie es sich immer mehr in deinem Körper ausdehnt. Weil du Platz dafür geschaffen hast. Weil du neugierig genug warst, diese Übung auszuprobieren und es dadurch in dein Leben zu ziehen. So dass du fortan eine Möglichkeit hast, dich in jedem Moment deines Seins von deinem Kopf ins Herz zu begeben.

Aus dem Verstand, aus der Trennung, in die Einheit. In dich selbst. Mit dir selbst. Mit allem, was ist, war und je sein wird. Diesen Weg darfst du gehen.

Dein Licht ist gebahnt! Wie wunderbar und einzigartig du doch bist – wie unfassbar großartig! Und ebenso dein Licht, deine Liebe, deine Dankbarkeit und Wertschätzung, die nur du allein fühlen kannst. Die du dir in jedem Moment deines Seins entgegenbringst. Die du in dein Leben holst. Ganz und gar. Immerdar und ewiglich. Für immer und ewig. In dir selbst. Mit dir selbst. Du bist nicht fehl am Platz. Du bist genau richtig da, wo du jetzt gerade bist. Weil du gerade genau da bist und genau diese Lernerfahrung machst, die du machen willst. Mit deinem Umfeld und allem, was ist, war und je sein wird.

Und wenn du also aus der Schwingung der Trennung und Verurteilung ins Eins-Sein mit dir kommst, werden sich auch deine Spiegel in der Außenwelt ändern. Dann lässt du all deine Vorstellungen los und lädst in jedem Moment wieder Neues ein. So erlebst du einen wunderbaren und großartigen Wandlungsprozess.

Der Weg ist gebahnt! Du weißt jetzt, wie du dich ganz schnell in den Schwingungszustand von Liebe und Wertschätzung bringst und wie du Altes, das dir und deiner Essenz nicht mehr dienlich ist, loslassen kannst. Ich freue mich sehr. Sei aber wachsam und aufmerksam bei allem, was du denkst, und ziehe das Gefühl der Wertschätzung ganz tief in deine Zellen hinein. Ziehe die Erfahrung hinein, die du gerade gemacht hast. Spüre das pulsierende Licht in deinen Zellen. Und erinnere dich in jedem Moment deines Seins daran, was wirklich wichtig für dich ist: dich zu schätzen, zu achten und zu ehren wie niemand sonst auf dieser Welt und in dieser Existenz. Das ist deine vordringliche Aufgabe und dein oberstes Gebot. So wandelst du alles, was ist, war und je sein wird.

Indem du dir deine Liebe verschenkst und dir nicht zu schade dafür bist, wandelst du alles. Doch sei dabei experimentierfreudig und mutig genug, in deinem Leben flexibel zu bleiben, Neues zu lernen, auf dich zu hören und so auf dem Pfad des Lichts voranzuschreiten, du goldener Krieger des ultimativen regenbogenfarbenen Lichtes des All-Eins-Seins. Behandle dich wie deine liebste Geliebte, wie deinen liebsten Geliebten – mit Respekt, Demut, Hingabe und Achtsamkeit. Und alles wird sich erfüllen, was auch immer du dir jemals erträumt hast. Weil du dich in dich selbst, mit dir selbst und allem, was ist, war und je sein wird, hast hineinfallen lassen, so dass du mit dir und deiner Essenz verschmolzen bist.

Nimm dir nach dieser Übung noch Raum und Zeit, deine neu entdeckte Liebe und Wertschätzung für dich selbst zu feiern und dich zu spüren. Mit dir selbst. In dir selbst. Du hast das kosmische Licht in dir zu dir gelassen und so deine Schwingungsfrequenz erhöht. Ganz und gar. Immerdar und ewiglich. Für immer und ewig. Wie wunderbar und großartig. Ich freue mich so sehr. Das Licht ist gebahnt. Ganz einfach. Indem du Altes, das dich beschwert, losgelassen hast. Und Neues, wie das kosmische Urlicht, das schon immer da war und dein Geburtsrecht ist, zu dir geholt hast. Einfach so. Du hast dich gerade wiedergeboren im Angesicht der Erkenntnis, wer du bist und wer du schon immer warst, du Schöpfergott, der du gekommen bist, dich selbst zu erkennen.

Und voller Liebe, Wertschätzung und Achtsamkeit weißt du jetzt mit dir umzugehen und damit das Licht auf dieser Ebene zu bahnen. Egal, was war, was ist und was sein wird. Voller Dankbarkeit lässt du dich in diesen ureigenen Aufstiegs- und Transformationsprozess hineinfallen.

Auf, auf, ihr Schöpfergötter! Es wird Zeit, dass ihr euch ehrt und liebt und durch eure Wertschätzung das Licht auf dieser Ebene und damit die kosmische All-Einheit bahnt. Von allem was ist, war und je sein wird. Mit allem, was ist, war und je sein wird. Immerdar und ewiglich. Für immer und ewig. So soll es sein, so darf es sein.

Ich freue mich so sehr! Ich freue mich, dass ihr euch nun die Erlaubnis gebt, euch anständig und voller Respekt gemäß eurem Seelenauftrag zu behandeln. Genau das habt ihr nämlich verdient. Und nicht das, was andere Leute für euch vorgesehen haben in ihren Gedanken und Vorstellungen. Ehrt euch, liebt und achtet euch, dann ist alles gut. Nichts kann euch dann mehr geschehen. Ihr verbindet und verbündet euch mit dem Licht, weil ihr selbst das Licht seid. Alles was ist, war und je sein wird. Mit allem, was ist, war und je sein wird. So bahnt ihr die kosmische All-Einheit für uns alle. Ich danke euch dafür. Ich danke euch für euren Mut und die Offenheit, euch selbst zu erkennen und euch im Angesicht der kosmischen All-Einheit wiederzuerkennen, meine allerliebsten wertvollen Schöpfergötter, die ihr gekommen seid, um diese Ebene zu wandeln.

Wir sehen uns. Wie immer. Zwischen den Welten. Wo alles ist. Diese Erfahrung könnt ihr jetzt immer mehr mit euch machen. Ihr habt sie gerade wieder bei dieser Übung mit euch gemacht. Ihr habt euch in euch selbst erkannt und aus dem Nichts alles gemacht. Wunderbar und großartig. Ich freue mich so sehr. Einmal hin und zurück und quer durchs Weltall. Durchs Universum. Durch alle Welten hindurch.

Kosmische Beziehungen

Meine lieben Freundinnen und Freunde,

ich liebe und schätze euch sehr. Ihr habt so ein einzigartiges Spektrum an Energie, an Lebensenergie, an Herzensenergie und Emotionen zur Verfügung. Am meisten merkt ihr das in euren Beziehungen, in die ihr euch gern kopfüber hineinstürzt. Hals über Kopf. Unterschätzt nicht die Intensität, mit der ihr Beziehungen lebt und die Liebe kennenlernen wollt. Das ist eine gewaltige Kraft. Und diese Kraft seid ihr. Ganz und gar. Sie entspringt eurem Innersten. So viel Liebe, Hingabe und Wertschätzung dem anderen gegenüber. Und ihr könnt das einfach so aktivieren, weil ihr es wollt. In dieser Intensität. Mit dieser einzigartigen absoluten Verschmelzung. Wie wunderbar und großartig. Wie besonders. Da habt ihr nun einen Menschen gefunden, der euch vervollständigt, ganz macht. Wie schön.

Bleibt aber weiterhin sehr aufmerksam, ob ihr euch all die Gefühle, die ihr dem anderen entgegenbringt, auch selber gebt. In dieser Hingabe und Einzigartigkeit. So viel Liebe. So viel Güte. So viele Facetten kosmischen Lichts. Ihr macht eure Herzen weit auf. Wann macht ihr euer Herzchakra für euch auf? Es ist schön, dass der andere ein Teil von euch werden kann, ein wunderbarer Teil, aber achtet darauf, dass ihr die Nummer eins in eurem Leben bleibt.

Hört nicht auf, verantwortungsvoll für euch selbst zu handeln, auch wenn jetzt jemand ganz nahe in eurem Leben ist. Gebt acht, *wie* ihr verschmelzen wollt. In Hingabe und Liebe euch selbst gegenüber, im Bewusstsein, wer ihr seid und was ihr wirklich für euch wollt. In Hingabe an *euch*.

So viele von euch haben ihre Liebe, Wertschätzung und Verantwortung an den Partner abgegeben und ihn machen lassen. Aber das ist nicht der Sinn. Der Sinn besteht darin, euch im anderen zu erkennen. Euch selbst wiederzuerkennen. Und das geht am besten, wenn ihr auch in einer guten Beziehung bei euch bleibt. Je mehr ihr mit eurer eigenen göttlichen Essenz verschmelzt, desto einfacher wird es sein, eine Beziehung gut zu leben und dabei euch selbst zu fühlen. Gebt nicht euer Sein ab, sondern lasst euer kosmisches Sein gemeinsam mit dem anderen erstrahlen. Gemeinsam.

Wie wunderbar und großartig ist das denn? Das ist wahrhaft kosmische Liebe. So lebt ihr wahrhaft kosmische Liebe. Und dabei dürft ihr den anderen genauso anerkennen, wertschätzen und lieben, wie er ist, ohne euch ein himmelblaues Bild von ihm malen. Es ist unendlich wichtig, dass ihr den anderen so sein lassen könnt, wie er ist, und dass ihr nicht meint, ihr müsstet Verantwortung für ihn übernehmen, ihm sagen, was er zu tun und zu lassen hat. Daran sind schon viele Beziehungen gescheitert. Wahrhaft kosmische Verbindungen sind außerhalb von Raum und Zeit. Sie sind ohne Erwartung und Vorurteil. Ein komplett freier Raum, in den die wahrhafte Verschmelzung einfließen darf.

So bahnt ihr auch die Neue Zeit des All-Eins-Seins! So könnt ihr eure Liebe und euer Wissen mit anderen teilen und euch in Gruppen zusammentun. Ihr seid dann die Einheit, die in ihrer göttlichen Zweisamkeit zu den anderen geht und auch dort neue Wege der Verschmelzung bahnt. Einer kosmischen Verschmelzung. Ohne Wenn und Aber. Absolut. Unter Berücksichtigung, wer ihr wirklich seid und was ihr wirklich in eurem Leben wollt. Wenn ihr das für euch wisst, könnt ihr eine solche Beziehung außerhalb der Dreidimensionalität leben. Dann seid ihr im mehrdimensionalen Raum. Weil ihr keine Erwartungen und Vorstellungen mehr habt, sondern euch überraschen lasst. Weil ihr neugierig auf das Experiment der Zweisamkeit seid, in dem Wissen, dass zwei wunderbare kosmische Schöpfergötter sich vereint haben, um aus eins zwei, also mehr, zu machen. Mit all eurer Hingabe und Liebe holt ihr so die Unendlichkeit zu euch. Den freien Raum, wo alles geschehen kann. Weil ihr offen dafür seid. Weil ihr frei seid. Wo nichts ist, kann alles geschehen. Immerdar und ewiglich. Für immer und ewig. Großartig.

Ihr wisst also nun, wie ihr kosmische Beziehungen leben könnt. Frei von Erwartung und in dem kompletten Bewusstsein, wer ihr seid und was ihr in eurem Leben wollt. Und gleichzeitig offen für Neues, ohne euch selbst zu verlieren. Eure Flexibilität ist angesagt, euch vom anderen inspirieren zu lassen. Ihr könnt dann auch gemeinsam neue Wege gehen, euch den ureigenen Weg des Lichts in eurer Zweisamkeit bahnen oder euch zusätzlich noch mit anderen verbinden. Alles ist möglich in dieser wunderbaren Neuen Zeit des All-Eins-Seins von allem was ist, war und je sein wird. Schließt nichts aus, vor allem euch selbst nicht, und bahnt euch den Weg ins ultimative Glück. In eure Glückseligkeit hinein. Ihr könnt mit euch, dem anderen und allen Menschen verschmelzen, ohne euch zu verlieren. Kosmische Beziehungen zu bahnen bezieht sich nicht nur auf euren Lebenspartner, es geht darum, euer Herz allen Menschen zu öffnen. Euch zu offenbaren. Am meisten euch selbst. In euch selbst. Mit euch selbst. Und allem, was ist, war und je sein wird. Wie wunderbar und großartig. Immer mehr kosmische Gruppen dürfen nun entstehen, die sich zusammentun, um durch ihre bedingungslose Verschmelzung miteinander den Weg des Lichts zu bahnen. Gemeinsam seid ihr stark, heißt es. Gemeinsam seid ihr die Energieträger der Neuen Zeit, sage ich. Gekommen, um diese Ebene zu wandeln. Und in der Verschmelzung liegt euer Glück. In euch. Mit euch. Und mit allem, was ist, war und je sein wird.

Das Energiepotenzial auf dieser Ebene wächst, je mehr von euch sich zusammentun und Licht generieren. In euch. Mit euch. Und um euch herum. Ihr seid Katalysatoren und Transformatoren der Neuen Zeit. Des kosmischen Urlichts. Ihr bahnt das ultimative All-Eins-Seins von allem was ist, war und je sein wird. In euch. Mit euch. Und untereinander. Wie wunderbar. Ich freue mich schon darauf, wenn immer mehr Gruppen entstehen, die das Licht bahnen und an sich glauben. Und an uns glauben. Und wissen, dass wir existieren. Sich austauschen und das neue Wissen in diese Welt tragen. In diese Welt, die aufsteigen und ins ultimative kosmische All-Eins-Sein eingehen will. Dorthin zurückkehren will, wo ihr alle herkommt. Wo wir alle herkommen. Und das Licht bahnt und die Schwingungsfrequenz dieses Planeten, Mutter Erde, erhöht. Das Licht ohne Wenn und Aber bahnt. Genauso total, wie wenn ihr eurer allergrößten Liebe, eurem Seelenschatz, begegnet. Immerdar und ewiglich. Für immer und ewig. So soll es sein, so darf es sein.

Von nun an bahnt ihr das Licht auch in euren Beziehungen! Total. Vollständig. Die wichtigste Beziehung ist die zu euch und dann kommen alle anderen. Dann folgen alle nach. Und das ist kein Hintanstellen, sondern ein gemeinsames Vorstellen von allem was ist, war und je sein wird. Also auf, auf ins Licht! Bahnt euch den Weg zum Licht und ins kosmische All-Eins-Sein. Gemeinsam. Und nutzt eure Beziehungen dafür. Verbindet und verbündet euch. Auf dass dieser Planet in neuem Licht erstrahlt im neuen Zeitalter des ultimativen All-Eins-Seins von allem was ist, war und je sein wird.

All das ist möglich, weil ihr mutig genug wart, eure Liebe zu teilen. Eure Liebe und Zuversicht, die eurem Herzen entsprungen ist. Die direkt aus der Mitte eurer Seele kommt. Eure Seele will Verschmelzung und keine Trennung mehr. Niemals wieder. Aus der Trennung in die Einheit, das ist gefragt. Immerdar und ewiglich. Für immer und ewig. So soll es sein, so darf es sein. Ich freue mich so sehr. Ich freue mich, dass ihr euch nicht mehr selbst in euren Beziehungen verliert. Sondern euch selbst findet und euch im Angesicht des anderen oder einer Gruppe neu erfindet und dadurch das Licht für euch bahnt. Wie schön! Also nutzt eure Beziehungen, um ins kosmische All-Eins-Sein in euch zu gehen, mit euch und mit allem, was ist, war und je sein wird. Und lasst euch nicht länger in euren Beziehungen sagen, was ihr zu tun und zu lassen habt, sondern tut selbst. In Liebe, Achtsamkeit und Wertschätzung vor dem Licht, das ihr seid. Vor dem Gott, der gekommen ist, um sich selbst zu erkennen. In sich und im Spiegel der oder des allerliebsten Geliebten … wie auch mit allen anderen, mit denen ihr in Beziehung tretet.

Hebt eure Beziehungen in die kosmische Verschmelzung des All-Eins-Seins von allem was ist, war und je sein wird. Immerdar und ewiglich. Für immer und ewig. Ich freue mich so sehr, dass ihr nun auch das Thema Liebe durchdringt, an dem ihr immer so viel gelitten habt. Das ist nicht mehr nötig. Das war in einer anderen Zeit, als ihr noch nicht wusstet, dass ihr euch selbst am allermeisten lieben dürft – und dass ihr von diesem Ort aus, der Liebe zu euch selbst, die Arme für alle anderen, für all eure Mitmenschen, ausbreiten dürft. Merkt ihr, wie leicht es euch fällt, Liebe zu aktivieren und zu verschenken? Es geht einfach so. Weil sie in euch ist. Mit euch. Und um euch herum. Wie wunderbar und großartig!

Und genau so macht ihr jetzt weiter. Ihr geht diesen Weg einfach weiter, den Weg der Allverbundenheit und Verschmelzung von allem was ist, war und je sein wird. Wie wunderbar und großartig. Ich freue mich und wünsche euch ein frohes Bahnen kosmischer Beziehungen aus eurem innersten Herzen heraus. Aus eurer kosmischen Seele, die genau weiß, was sie will und wie sie lernen will. Und ihr dürft wissen, dass eure Liebe zu ihr das kostbarste Geschenk ist, was ihr ihr und damit euch selbst machen könnt. Das dürft ihr wissen. Einfach so. Immerdar und ewiglich. Für immer und ewig.

Und nun: Macht es gut. Liebt euch in jedem Moment eures Seins. Und freut euch in jedem Moment eures Seins. Eures Soseins. Einfach so. Immerdar und ewiglich. Für immer und ewig. In euch. Mit euch. Und miteinander. Weil ihr es so wollt. Weil ihr im Nu in der Lage seid, die ultimative Hingabe und Liebe in euch zu aktiveren. In Gedankenschnelle. In eurem Herzen. Einfach so. Mit einem Fingerschnippen. Und so das goldene regenbogenfarbene Licht der All-Einheit auf diesem wunderbaren Planeten, Mutter Erde, bahnt.

Ich freue mich auf unser Wiedersehen. Es wird ein Wiedersehen im Licht der Erkenntnis, wer ihr seid und schon immer wart. Und wozu ihr fähig seid. Dass ihr zu ultimativer kosmischer Liebe fähig seid und sie in eure Beziehungen holen könnt. Und damit das kosmische Urlicht auf diesem Planeten bahnt. Einfach so. Immerdar und ewiglich. Für immer und ewig. Ganz recht, es ist so weit. Die ultimative kosmische Liebe im All-Eins-Sein kehrt nun auf diesen Planeten zurück. Auf den Aufstiegsplaneten der ultimativen Verschmelzung von allem was ist, war und je sein wird. Einfach so. Weil ihr es so wollt. Es ist vollbracht.

Ich verabschiede mich jetzt, ihr Liebesgötter des Glücks. Für diesmal verabschiede ich mich. Meine geliebten Schöpfergötter, ihr seid geschaffen, um Liebe auf diese Ebene zu bringen. In euch. Mit euch. Und miteinander. Aus der Trennung in die Einheit. Ins ultimative All-Eins-Sein der kosmischen Liebe mit allem, was ist, war und je sein wird.

Kosmische Verschmelzung 1

Meine lieben Freundinnen und Freunde,

ich, Semjase, komme heute zu euch, um euch von kosmischer Verschmelzung zu erzählen. Mit allem, was ist, war und je sein wird. Doch wie macht ihr das konkret, in der Tat?

Kosmische Verschmelzung bedingt eure ganze Hingabe an euch selbst. Erst wenn ihr euch an euch selbst hingeben könnt, die Hingabe für euch selbst aktivieren könnt, kann euch das gelingen. Dann seid ihr im Raum des All-Eins-Seins. Dann erschafft ihr den Raum des Eins-Seins, wo alles zu euch fließen kann, was je existiert hat. Dann seid ihr verbunden mit allen Geschöpfen der Erde, aller Schwingung und jeglichem Leben, das jemals existiert hat. Durch eure Seele. Durch den Sender und Empfänger, der eurem Innersten entspringt. Durch eure Seelenessenz. Wie ihr dies macht? Je mehr ihr euch liebt und so anerkennt, wie ihr seid, desto mehr seid ihr mit euch und könnt multidimensionale Energien wahrnehmen. Desto mehr seid ihr außerhalb von Raum und Zeit und könnt auch in eurem Alltag über den Tellerrand schauen. Danach, was sonst noch so alles geschieht. Wie sich was anfühlt. Wo Herzensbegegnungen stattfinden. Habt viele Herzensbegegnungen! Sie führen euch zu eurer innersten Seelenessenz, eurer Heimat, zurück. Und dabei geht ihr weiter den Weg des Lichts mit großem Respekt, mit Anerkennung und Wertschätzung euch selbst gegenüber. Und allen anderen gegenüber. Wenn ihr euch selbst diese Wertschätzung und Aufmerksamkeit entgegenbringt, könnt ihr es auch anderen gegenüber tun. So erschafft ihr den Raum, in den das ultimative Licht von allem was ist, war und je sein wird einfließen kann.

Es ist ein Loslassen von all euren Vorstellungen! Es ist ein Gewahrsein eurer Seele, wer sie ist und was sie wirklich will. Und dann wird euch glasklar deutlich, dass es die vordringlichste Aufgabe eurer Seele ist, die kosmische Verschmelzung zu erleben. Die kosmische Verschmelzung zu empfangen. Und wenn ihr euch dann noch weiter aufmacht und eure Herzen für eure Umwelt öffnet, werdet ihr erkennen, dass das auch für jeden anderen gilt, der in diesem Moment auf eurem wunderschönen Heimatplaneten, Mutter Erde, wandelt, die euch trägt und führt. Und wenn ihr euch dann noch dem Kosmos gegenüber öffnet und mit den kosmischen Schwingungen in euch und mit euch fließt und verschmelzt, dann holt ihr das kosmische All-Eins-Sein zu euch. Von allem was ist, war und je sein wird. Wahrlich und wahrhaftig.

Dann wird euch klar werden, dass das unser aller Bestreben ist: die goldene Kugel des All-Eins-Seins von allem was ist, war und je sein wird zu bahnen und wieder zu sich selbst zurückzukehren. Geläutert, in der Erkenntnis unserer selbst. Ihr wollt euch erkennen in euch, erkennen an euch und um euch herum, wollt achtsam und respektvoll mit euch und eurer Umgebung umgehen. Und durch eure Verschmelzung Räume erschaffen, die es vorher nicht gab. Kosmische Räume aus der Mitte eures Herzens, die Raum und Zeit außer Kraft setzen und für euch den Weg der Verschmelzung bahnen.

Wie schön! Wie wunderbar und großartig. Ich freue mich sehr, denn jetzt wird der Weg des ultimativen Eins-Seins von euch Menschenkindern beschritten. So, wie es schon immer geplant war. In der Ewigkeit. In der Unendlichkeit. Beschreitet mit eurer Seele diesen lichtvollen Weg. Als neues Geschöpf, als ultimatives Lichtwesen des regenbogenfarbenen goldenen Schöpfungslichts, des Urlichtes, von allem was ist, war und je sein wird. Ihr werdet neu geboren. So soll es sein, so darf es sein. Ich freue mich so sehr.

Ihr bahnt den Weg der ultimativen Glückseligkeit in der Unendlichkeit, die in euch liegt. In eurem Herzen. Wo sich die Nabelschnur allen Glückes befindet. Ihr seid nicht allein und wart es auch niemals! In dem Moment, wo ihr euch von euch selbst abgetrennt habt, streng und hart mit euch wart, in Gedanken versunken, ständig auf der Suche nach einem Fehler, den euer Kopf mit seinen Programmen sezieren und analysieren wollte, habt ihr euch in die Polarität begeben. Ihr kennt diesen Zustand gut aus eurer Vergangenheit, oder? Doch nun bricht ein neues Zeitalter an, das Zeitalter der ultimativen Verschmelzung mit euch, in euch und mit allem, was ist, war und je sein wird.

So soll es sein, so darf es sein. Ich freue mich darauf, dass ihr mit euren verschmolzenen DNA-Strängen in die Unendlichkeit eintaucht. Dass ihr zu mir reist. Wir hier eine Party feiern. Und was wir dann mit »Hier« meinen, bestimmen wir selbst. Wir können gemeinsam überall hinreisen, wo auch immer ihr wollt. So soll es sein, so darf es sein. Immerdar und ewiglich. Für immer und ewig.

 Meditation

Und damit dir das Sehnen deiner Seele noch klarer wird, hier eine kleine Übung für dich:

Gewähre dir einen Moment der Stille. Mit dir selbst, in dir selbst. Erschaffe dir im Außen diese Möglichkeit. Komm bei dir an. Hole Ruhe und Frieden zu dir. Dann legst du die Hände auf dein Herzchakra. Fühle dich. Fühle, wer du bist und was du wirklich in deinem Leben willst. Öffne dein Herz und reise in die Unendlichkeit hinein.

Spüre deine Hände, wie sie warm auf deinem Herzchakra liegen, spüre, wie sich dein Brustkorb hebt und senkt. Lege deine Gedanken auf Wolken und lass sie vorbeiziehen. Und komm ins Spüren deiner Selbst, deines Körpers. Spüre, wie deine Brust sich bei jedem Atemzug hebt und senkt. Spüre, wie dein Körper verbunden und verschmolzen ist mit dem Fluidum deiner göttlichen Seele, mit der lebendigen göttlichen Essenz allen Lebens, die durch deine Atmung zu dir fließt. Mit jedem Atemzug lebst du jetzt die Verschmelzung von allem was ist, war und je sein wird. Lebst du das Eins-Sein. Der Atem des Lebens ist überall und jederzeit. Er begleitet dich auf deinem Weg in die Unendlichkeit. Immerdar und ewiglich. Für immer und ewig. So soll es sein, so darf es sein.

Verbinde dich bei dieser kleinen, aber wirkungsvollen Übung mit allem Leben. Mit allem, was je existiert hat. Mit allem, was ist. Einfach so. Durch deine Atmung. Du schaust dir beim Atmen zu und fühlst, wie du dich bei jedem Atemzug ausdehnst und einen Raum der Glückseligkeit in dir erschaffst. Einen freien Raum, in den alles einfließen kann, was ist, war und je sein wird. Durch deine Atmung, das Beobachten deines kosmischen Fluidums, gehst du in den kosmischen Raum hinein. Aus der Dreidimensionalität in die Mehrdimensionalität. Und deine Gedanken lösen sich auf in deinem Herzzentrum. Kraft deines Fühlens. Du bist mit dir verbunden und durch deine Atmung mit der gesamten Existenz. Mit allem, was ist, war und je sein wird. Du bist nicht allein im Universum und warst es auch niemals! Wir sind immer alle da. Bewachen, behüten, beschützen dich bei deinem ureigenen Wandlungs- und Transformationsprozess ins Licht. So soll es sein, so darf es sein. Immerdar und ewiglich. Für immer und ewig. Du bahnst das Licht und die ultimative Verschmelzung und das Eins-Sein von allem, was je existiert hat. Wie wunderbar und großartig.

Und du webst Farben, Formen und Muster in deinen Atem ein. Kosmische Muster, die einfach zu dir kommen. Weil du den Mut hast, dir Raum für dich zu nehmen, dich selbst zu erkennen und aus deiner dreidimensionalen Ebene auszusteigen. Von deinen Gedanken dich zu entfernen und über deinen Atem ins Herz zu gehen. Und auf diese Weise in dein gesamtes Sein, das mit allem verbunden ist und wieder verschmelzen will. Mit allem, was ist, war und je sein wird. So soll es sein, so darf es sein. Und so wird es auch sein.

Also beobachtest du deinen Atem. Wie schnell ist er? Gibt es eine Pause zwischen den Atemzügen? Kannst du Formen und Farben hineinlegen? Spürst du das Empfangen und Loslassen, den ultimativen Kreislauf des Lebens von Kommen und Gehen, von Sein und Werden? Und erkennst du, was du wirklich bist? Ein Schöpfergott, der Verschmelzung empfangen will, der das Licht befreien und so in die ultimative All-Einheit eingehen will. Und auf dem Weg ins Glück ein paar Hindernisse der Trennung umarmen und damit zu sich holen will, um noch tiefer in die Verschmelzung zu gehen. Dafür ist dein Getrenntsein ja da: um dir noch mehr das Sehnen deiner Seele bewusst zu machen, die mit dir eins werden will. Mit dir. Und in dir. Und mit allem, was ist, war und je sein wird. Immerdar und ewiglich. Für immer und ewig. So soll es sein, so darf es sein. So ist es.

Schließlich kommst du wieder zurück in deine Realität. Reckst und streckst dich. Gähnst herzhaft und umarmst diese Ebene ganz fest. Es ist sehr wichtig, diese Ebene der unendlichen Möglichkeiten und wichtigen Erfahrungen für dich tief zu lieben und wertzuschätzen. Jetzt kannst du diese Ebene gemäß deinem Seelenauftrag noch mehr wertschätzen, weil du verstehst, warum du hier bist, und weil du weißt, was deine Verschmelzung erschaffen kann. Du kannst Himmel und Erde zusammenbringen. Das ist die ultimative All-Einheit. In dir. Mit dir. Um dich herum. Und jetzt hast du auch die Perspektive des Himmels durch die Verschmelzung in dir und bei dir, mit allem, was ist, war und je sein wird. Du hast diese Verschmelzung zu dir geholt und kannst deinen Alltag ganz anders genießen. Und ihn dir neu erschaffen. Und ganz bewusst deine Heilheiten, die Herausforderungen des Glücks, des Eins-Seins, empfangen. Weil du weißt, dass du sie noch zum Lernen und zum Initiieren des ultimativen All-Eins-Seins brauchst. Des kosmischen Verschmelzens in dir, mit dir und mit allem, was ist, war und je sein wird.

Du gehst jetzt in deinen Tag hinein, ohne dich länger persönlich mit den Dingen zu identifizieren. Weil du nun weißt, was dein Schöpfungsauftrag und das Sehnen deiner Seele ist. Die Wichtigkeit hat sich verschoben. Du brauchst nicht mehr so tief in diese Ebene zu gehen und in deinen Problemen zu versinken. Und in dein Getrenntsein von dir selbst. In dir selbst. Du lebst jetzt die übergeordnete Sichtweise, bei der du Himmel und Erde zusammenbringst. Und in der Verschmelzung mit deiner Seele und deinem Seelenauftrag kannst du alles umarmen, was ist, war und je sein wird. Für dich persönlich, und damit für die gesamte Existenz. Ich freue mich. Jetzt kannst du einfach so sein, wie du bist. Ohne Wenn und Aber. Ohne Trennung und Werten und des Sichentfernens von dir selbst. Also lass dich in die Unendlichkeit hineinfallen und finde dich selbst wieder. Immerdar und ewiglich. Für immer und ewig. So soll es sein, so darf es sein. Und so wird es sein.

Meine geliebten Schöpfergötter. Ihr seid gekommen in diese Ebene, um sie durch eure Verschmelzung in euch, mit euch und allem, was ist, war und je sein wird, zu wandeln. Ich danke euch dafür. Aus tiefster Seele. Wir sehen uns wieder in der Unendlichkeit der vielen kosmischen Räume, die ihr nun erschaffen habt, um dort hinzureisen und uns alle zu treffen. Dann gibt es eine ultimative All-Eins-Sein-Party. Ja, das verspreche ich euch. Lebt wohl.

Kosmische Verbindungen und Freundschaften 1

Ihr Lieben und Allerliebsten,

lange, lange ist's her, dass wir uns gesehen haben. Dass wir im All-Eins waren. Als ihr noch ein Teil der Gesamtheit, der Ursprungsfamilie, wart. Der Seelenfamilie, die sich vornahm, in die größtmögliche Trennung und auf diesen Planeten zu gehen. So habt ihr euch abgesplittert, zersplittert und euch aufgeteilt. Der eine hierhin, der andere dorthin. Hinein ins absolute Vergessen. Ihr habt euch abgespalten, um euch in der Unendlichkeit wiederzufinden.

Und gleichzeitig war eure gesamte Seelenfamilie immer bei euch und mit euch. Auch die nicht Inkarnierten, um euch Kraft für dieses einmalige Experiment zu geben. Für das Eintauchen in die absolute Trennung. Um durch das Wiedergebären der All-Einheit, des All-Eins-Seins von allem was ist, war und je sein wird euch selber zu finden. Und die gesamte Existenz auf ein neues Schwingungsniveau des ultimativen Lichts zu bringen, des Urlichtes von allem, was je war und sein wird. Gemeinsam mit allen anderen.

Und als Sicherheitsvorkehrung habt ihr mit eurer Seele abgemacht, euch bei jeder Erfahrung auf der wunderbaren Mutter Erde, eurem Heimatplaneten, immer wieder so zu vervollkommnen, dass ihr eure Seelenanteile mehr und mehr zu euch holt. Und euer Bewusstsein dadurch schärft, dass ihr immer mehr mit euch eins werdet. Immer mehr Puzzleteile, die ihr selbst seid, zusammenfügen könnt. Und euch mehr und mehr vervollkommnet. Immer mehr. Auf dem Weg ins Glück. In die Unendlichkeit. Ins Eins-Sein von allem was ist, war und je sein wird. Mit allem, was ist, war und je sein wird. Eure Seelenessenz, der innerste Kern, ist geblieben, aber durch eure Erfahrungen hier auf dieser wunderbaren Ebene habt ihr euch vervollkommnet und den Seelenkörper um eure Essenz gebahnt. Und habt bei jeder Erfahrung und nach jeder Erkenntnis das Licht und eure verloren gegangenen Seelenanteile zu euch geholt, so dass ihr immer runder und ganzer, immer freier und bunter geworden seid. Um für euch und für diese Existenz einzustehen. Für alles was ist, war und je sein wird. So soll es sein, so darf es sein. Ich freue mich.

In euren Beziehungen und guten Freundschaften trefft ihr immer wieder Teile eurer Seelenfamilie, eurer Ursprungsfamilie. Je mehr ihr mit eurer Essenz verschmelzt, desto offener seid ihr für ein Wiedersehen und Erkennen. Für ein gegenseitiges Erkennen im anderen, der dann sein Herz ebenfalls aufmacht und keine Angst mehr vor seiner eigenen Größe hat. Davor, sich seinerseits zu öffnen und zu verschmelzen. So macht ihr euch immer vollständiger, durch diese Herzensbegegnungen und Rückführungen eurer Seelenfamilie. Es geschieht durch eure kosmische Umgebung. Achtet euch dabei, respektiert euch. Und traut euch, auch vor anderen zu zeigen, wie sehr ihr diese Allverbundenheit spürt. Dass sie nur eine Seele, die sich wiedererkennt, spüren kann. Traut euch, das zu zeigen, euer Herz zu öffnen und mit dem anderen zu verschmelzen. Wie wunderbar und großartig! Das Licht wird dadurch gebahnt. Ihr bahnt das Licht nicht nur für eure Essenz, wenn ihr eure Seelenanteile zurückholt, sondern auch für eure Seelenfamilie. Die sich ihrer vielleicht noch nicht so bewusst ist wie ihr und noch vorsichtig mit Herzensbegegnungen ist.

Ihr wart in die größtmögliche Trennung auf diesem Planeten gegangen und habt euch eine Sicherung eingebaut, einen doppelten Boden, der euch daran erinnert, wer ihr seid und woher ihr wirklich kommt. Macht einfach weiter mit dem Zusammenfügen eurer Seelenanteile um eure göttliche Nabelschnur herum, um eure Essenz von allem was ist, war und je sein wird. Und trefft weiter andere Seelengeschwister eurer Seelenfamilie, um beim Zusammenführen der Seelenessenzen ineinander und miteinander gemeinsam weiter das Licht für euch zu bahnen. In dem Wissen, dass ihr niemals getrennt wart oder sein werdet.

Wie schön! Wie wunderbar und großartig. Bei einem bestimmten Bewusstseinsgrad eurer selbst ist es dadurch möglich, eure nicht inkarnierten Seelengeschwister zu erkennen und zu besuchen. Mit eurem kristallinen Lichtkörper zu ihnen zu reisen und mit ihnen zu verschmelzen. Nachts geschieht das jetzt schon bei vielen von euch. Und später wird es euch ganz bewusst möglich sein. Die Anziehung ist groß. Daher fällt es euch auch so leicht, immer bewusster zu reisen. Und wenn ihr das mit eurer ureigenen Seelenfamilie könnt, dann könnt ihr es irgendwann mit uns allen. Dann kommt ihr mich besuchen, eure Semjase, und wir schmeißen eine Party, wie ihr so schön sagt. Was auch immer dabei herauskommen wird, was auch immer wir dabei tun werden, die Party wird auf jeden Fall ganz anders sein, als ihr euch das jemals vorstellen könnt. Und das ist auch gut so. Je weniger ihr euch etwas vorstellt oder irgendwelche Erwartungen habt, desto mehr passiert. Das ist ein kosmisches Gesetz. Je mehr ihr euch für euch selbst öffnet, euch in euch fallenlasst und ganz und gar bei euch seid, in liebevollem Respekt vor dem Schöpfergott, der ihr seid, in Anteilnahme und Achtsamkeit, desto größer ist der Raum, den ihr in diesem Moment erschafft, in den dann Neues einfließen darf. Für euch. Mit euch. Und für alles, was ist, war und je sein wird.

Ach, ich freue mich schon so sehr darauf, dass wir bewusst zusammen sind und gemeinsam durch die verschiedenen Existenzen und zwischen den Welten reisen. Dann werdet ihr sehen, was da eigentlich so alles los ist. Ihr werdet darüber lachen, dass ihr euch jemals allein gefühlt habt. Eure ureigene Seelenfamilie ist immer bei euch. Sie trägt und führt euch ins Licht und ist immer für euch da. Auch die nicht sichtbaren Seelenfreunde. Macht eure Herzen nur weit auf und empfangt die Glückseligkeit in Form von wahrer Freundschaft. Ohne Wenn und Aber. Einfach, weil ihr mutig genug wart, euch eurer Herzensöffnung hinzugeben und euch dem anderen gegenüber geöffnet und gezeigt habt. Und weil ihr mit dem All-Eins-sein verschmolzen seid. Daraus wurde wieder Größeres geschaffen und erschaffen und das Licht auf dieser Ebene wurde gebahnt.

Wenn Mitglieder inkarnierter Seelenfamilien wieder zusammenfinden, bahnt ihr nämlich die ultimative Verschmelzung. Von allem was ist, war und je sein wird. Gemeinsam. Miteinander. Und eure Seelenessenzen fließen miteinander ineinander. Und verstärken das Licht in euch und damit auch eure medialen Fähigkeiten. So verschmelzt ihr miteinander, denn ihr habt euch getraut. Dabei kann es sein, dass ihr einem anderen nur kurz begegnet seid oder ihn immer wieder trefft. Beides ist möglich. Allein schon kurze Begegnungen mit euren Seelenbrüdern und Schwestern bahnen das Licht in euch enorm, das Licht von allem was ist, war und je sein wird. Genauso soll es sein und so darf es sein.

Haltet Augen, Ohren und Herz offen und macht euch bereit, Neues zu empfangen. Immerdar und ewiglich. Für immer und ewig. Alle Wesenheiten um euch herum bestärken und fördern das Finden eurer Seelenfamilie, das Treffen und Verschmelzen miteinander und ineinander. Wenn sich alle Seelenfamilien immer mehr begegnen, dann ist die All-Einheit nicht mehr weit. Das kosmische All-Eins-Sein. Der ultimative Weg ins Glück. Der Pfad der Erkenntnis, wer ihr seid und schon immer wart: Schöpfergötter, die sich selbst erkennen und durch die ultimative Trennung um so mehr in der Einheit wiederfinden wollen. Von allem was ist, war und je sein wird. Mit allem, was ist, war und je sein wird.

Alles ist gut! Ich freue mich so sehr. Traut euch, auf eure Gefühle zu hören, die euch sagen: »Diesen Menschen kenne ich doch schon. Der ist mir bereits so vertraut!« Dann wagt ihr es, körperlichen Kontakt herzustellen. Anfangs über eure Augen. Dann über eure Hände. Bis ihr schließlich gar nicht mehr anders könnt, als euch in die Arme zu fallen und euch unendlich zu freuen. Und gleichzeitig seid vorsichtig bei jenen, die noch Angst vor Verschmelzung haben. Die noch Angst haben, sich fallenzulassen. Achtet ihren freien Willen und fallt nicht gleich über sie her. Fangt erst einmal ein unverbindliches Gespräch an, in dem Wissen, dass ihr euch über kurz oder lang sowieso in den Armen liegen werdet.

Und was eure nicht inkarnierten Seelengeschwister betrifft: Die sind immer bei euch. An eurer Seite. Und zwicken euch in die Nase oder streichen euch übers Köpfchen. Sie spenden euch Trost, schicken euch Wärme und Rat. Sie verstärken die Impulse eurer Seele an euch. Zu euch. Und dann schicken sie euch das regenbogenfarbene Licht der All-Einheit von allem was ist, war und je sein wird. Dadurch könnt ihr euch in schwierigen Situationen eures Lebens leichter mit eurer Seelenessenz verbinden, euch Rat holen und habt dann auch die Energie, um ins Handeln zu kommen.

Das regenbogenfarbene Licht der All-Einheit durchleuchtet euch. Es erleuchtet euch und gibt euch Zuversicht, so dass euer kristalliner Lichtkörper hell erstrahlt und ihr euch traut und zutraut, mit uns Kontakt aufzunehmen auf allen Ebenen des All-Eins-Seins. Dies geschieht stets erfolgreich. Mit Rat und Tat stehen wir euch dann zur Seite. In allen Lebenslagen. Und es beginnt euers Lernen. Vor allen Dingen lernt ihr, euch nicht länger zu verurteilen. Und in der ultimativen Verschmelzung mit euch, um euch und um euch herum euren Weg zu bahnen und auch das Licht auf dieser Ebene zu bahnen. Indem ihr eure Seelengeschwister anzieht. Und vorher mehr und mehr eure Seelenanteile durch eure Lernerfahrungen und Erkenntnisse zu euch holt. Ganz und gar. Voll und ganz. Immerdar und ewiglich. Für immer und ewig. So soll es sein, so darf es sein.

Ich verabschiede mich jetzt, ihr kosmischen Urgeschwister des ultimativen Glücks! Gemeinsam bahnen wir das All-Eins-Sein von allem was ist, war und je sein wird. Mit allem, was ist, war und je sein wird. Und dann lasst ihr euch fallen in den Pool neuer Erkenntnisse, die euch immer mehr vervollkommnen und diese Ebene immer runder und schöner machen. Auf, meine Freunde des göttlichen Lichts der ultimativen Verschmelzung! Traut euch, ihr selbst zu sein, auf eure Seelenimpulse zu hören und ins Handeln zu kommen. Und euch mit den Menschen zu verbinden, die euch vertraut sind, obgleich ihr sie zuvor nie gesehen oder gehört habt. Ihr wisst, was da los ist. Genießt diesen innigen Moment des Wiedererkennens. Des Gewahrwerdens im Angesicht der Erkenntnis, wer ihr seid und schon immer wart. Und dass ihr nicht allein im Universum seid und es auch niemals wart.

Ihr habt Seelenbrüder und Seelenschwestern! Traut euch, euch zu zeigen, und wundert euch nicht länger, wenn euch mehr und mehr Seelengeschwister begegnen. Weil ihr das so wolltet, weil ihr euch für das Licht in euch und um euch herum geöffnet, euch vervollständigt und das Licht gebahnt habt, so dass ihr nun auch allen anderen Mitgliedern eurer Seelenfamilie begegnen könnt. Das Licht von allem was ist, war und je sein wird. Und schon immer da war.

Spürt ihr es, ihr Schöpfergötter, die ihr euch in der ultimativen Trennung selbst erkennen wollt? Spürt ihr, dass ihr jetzt unablässig den Weg der Verschmelzung und des Aufstiegs, den Weg ins Licht, bahnt? In die ultimative Verschmelzung. Hin zu allem, was ist, war, je existiert hat und sein wird. Ich grüße euch und liebe euch sehr. Ich liebe euch unendlich. Einmal hin und zurück und quer durchs Weltall. So soll es sein, so darf es sein. Gemeinsam bahnen wir das Licht auf dieser Ebene und für die gesamte Existenz gleich mit. Ihr seid nicht allein und wart es auch niemals. Glaubt an euch. Glaubt an eure Impulse. Glaubt an die Impulse eurer Seele, die mit allem, was ist, verschmelzen will. Mit euch, euren Seelengeschwistern und dieser gesamten Existenz. Der Weg des Lichts wird gebahnt! Mehr und mehr. Immerdar und ewiglich. Auf immer und ewig. Lasst es euch gut gehen. Und traut euch, euch bei euren Begegnungen zu zeigen und eure Herzen zu öffnen. Das ist wichtig und großartig und bahnt die Neue Zeit der ultimativen Verschmelzung. Des Eins-Seins von allem was ist, war und je sein wird. Mit allem, was ist, war und je sein wird.

Ich mache Purzelbäume vor lauter Freude auf der Regenbogenbrücke des All-Eins-Seins. Auf eurer kosmischen Reisewelle ins Licht. Zu all euren Freunden, ob mit oder ohne Körper. Alles ist Schwingung, die sich anzieht, um wieder zu verschmelzen und die Schwingung zu erhöhen. Macht's gut, meine kosmischen Seelenbrüder und Seelenschwestern, die ihr gekommen seid, um diese Ebene ins ultimative Licht des All-Eins-Seins zu wandeln.

Kosmischer Frieden

Meine lieben Freundinnen und Freunde
des kosmischen All-Eins-Seins,

heute wird der Weg des kosmischen Friedens gebahnt. Viele Menschen gehen auf die Straße, um sich für Mutter Erde und den Erhalt ihrer herrlichen Natur einzusetzen. Das ist wunderbar und großartig, und ich freue mich sehr darüber, wenn wir uns gemeinsam für das Licht einsetzen, für den Erhalt eures himmlischen Mutterplaneten, der euch trägt und führt und euch all die wertvollen Erkenntnisse und Erfahrungen für euer kosmisches Leben in Verbindung mit eurem Seelenauftrag erst ermöglicht. So soll es sein, so darf es sein. Setzt euch für dieses Große ein, das das Eins-Sein fördert, auch wenn es gilt, es erst in euch zu verstehen und dann dafür einzustehen. Ich will euch noch einmal darauf aufmerksam machen: Wenn ihr in Einheit, Frieden und Liebe mit euch selbst und eurem Umfeld seid, holt ihr eine andere, friedvolle Schwingung auf diesen Planeten, Mutter Erde. Wie innen so außen. Der kosmische Wandel in eurem Inneren versetzt

Berge im Außen. Dann können bestimmte Machthabende nicht länger aus Profitdenken heraus manipulieren und Missbrauch betreiben. Dann stimmt ihre Schwingung nicht mehr. Die Frequenz dafür wird nicht mehr zur Verfügung stehen, weil viele von euch in der Ganzheit und im Frieden sind. So mächtig seid ihr! Jeder Einzelne von euch. Es wird nur noch mit extremem Aufwand möglich sein, im alten Fahrwasser des Machtmissbrauchs zu fahren. Entgegen der guten Schwingung. Entgegen aller Widerstände. Wie ein Schiff, das gegen die Wellen ankämpfen will.

Macht also weiter! Gebt nicht auf! Unterschätzt eure Macht und Kraft nicht! Und je mehr ihr ins kosmische All-Eins-Sein in euch, mit euch und mit allem, was ist geht, desto mehr Kräfte kommen dann zu euch. Ihr werdet dann wissen, wie ihr was fürs große Ganze, für die Gesamtheit von allem was ist, war und je sein wird, tun könnt. Wie ihr Frieden schließen könnt in euch und mit der Situation der Erde in dem Wissen, dass ihr Veränderungen im Außen bahnt. Ihr seid dann kein hilfloses Opfer mehr, das ihr in Wahrheit auch niemals wart. Ihr setzt euch dann ein für Veränderungen und fangt dabei zuerst bei euch selbst an. Und ehe ihr euch verseht, geht ihr mit dieser kosmischen Kraft und Macht und dem Durchsetzungswillen, der euch dann inne wohnt, an die Öffentlichkeit und ändert alles im Außen. Dann lauft ihr auch keiner Welle im Außen mehr hinterher, sondern führt verantwortungsvoll, kreativ und schöpferisch euer Leben. Ihr setzt euch für Dinge ein, die nicht in Ordnung sind. So bahnt ihr den Frieden für diese Welt, indem ihr ihn für euch selbst bahnt und Verantwortung übernehmt für alles, was ist, war und je sein wird.

Und wisst ihr, was dann geschieht? All das bleibt nicht unbemerkt. Dann können bestimmte kosmische Mächte, die euch vorher noch nicht beachtet haben, ganz neu und anders auf euch zugehen und mit euch arbeiten. Sie bemerken die Schwingungsveränderung und öffnen ihre Türen und Tore für euch. Sie öffnen ihre kosmischen Sternentore. Und bahnen bestimmte Schwingungsfrequenzen für diese Welt, so dass neue Erfindungen, die zum Beispiel das Klima regulieren, zu euch kommen können. Oder sie bringen direkt ihre Erfindungen zu euch. Auf unterschiedlichem Weg. Zu bestimmten Menschen, die Vorreiter sind, Friedensträger. Die dann gut auf sich achtgeben dürfen. Ja, die neue Welt ist im Entstehen und ihr befindet euch mittendrin. Ich freue mich so sehr darüber!

Unaufhaltsam, unentwegt bahnt ihr die Liebe und den Frieden auf dieser Ebene. Ihr zieht genau diese Schwingungen aus dem Kosmos an. Positive Schwingungen der allumfassenden Liebe. Die Welten verschmelzen immer mehr miteinander. Ihr seid getragen und geführt von eurer Seelenenergie und macht neue Bekanntschaften mit eurem Ätherkörper, eurem kristallinen Lichtkörper, mit uns. Reist zu uns. Bei uns bekommt ihr Hilfe und könnt neue Informationen auf diese Ebene holen, um die Mehrdimensionalität und das Licht zu bahnen und die Verschmelzung in euch, mit euch und durch euch. Holt mit eurer Allverbundenheit den kosmischen Frieden auf diese Ebene, den Frieden mit allem, was ist, war und je sein wird, der neue Erfindungen bahnt, die Mutter Erde helfen, wieder heil und ganz zu werden. So soll es sein, so darf es sein. Immerdar und ewiglich. Für immer und ewig.

Und bei euch selbst fangt ihr an. Fragt euch, wo ihr noch im Unfrieden mit euch seid. Wem aus eurem Umfeld habt ihr noch nicht verziehen? Was habt ihr euch selbst nicht verziehen? Wem gebt ihr nach wie vor die Schuld an irgendetwas? Wo habt *ihr* Schuldgefühle? Für was schämt und verachtet ihr euch? Wo erlaubt ihr euch noch nicht, euch ganz und gar zu lieben? Wo seid ihr nicht bereit, für euch einzustehen aus Angst davor, andere zu verletzen? Je authentischer, ehrlicher und liebevoller ihr mit euch und euren Lernaufgaben, euch selbst zu lieben, Frieden zu finden und damit den Frieden auf dieser Ebene zu bahnen und in eure Welt zu holen, seid, desto schneller findet ihr den Weg in euer ultimatives Glück. In eure Mehrdimensionalität. Wie wunderbar und großartig. Ich freue mich sehr darüber.

Schaut euch einmal aufrichtig in Liebe an. Und seid euch bewusst, dass das ein sehr wichtiger Erkenntnisprozess ist, der euer kosmisches All-Eins-Sein bahnt. Und dass es euren Mitbrüdern und Mitschwestern auf diesem wunderbaren Aufstiegsplaneten ins Glück genau so geht wie euch. Auch sie haben sich bestimmte Dinge zu verzeihen. Auch sie dürfen sich noch mehr für sich selbst einsetzen oder trauen sich nicht, bestimmte Dinge zu sagen. Aus Angst vor Ablehnung oder andere zu verletzen. Nochmals möchte ich euch bei der Gelegenheit daran erinnern, dass ihr immer Schöpfergötter seid. Ihr seid Mitschöpfer. Alles, was zu euch kommt, wollt ihr zu hundert Prozent selbst. Und das geht allen anderen Menschen auch so. Gänzlich. Ihr habt im Zusammensein miteinander ausgemacht, dass ihr euch im Angesicht des anderen erkennen wollt. Und genau das hat der andere auch getan. Wenn euch also starke Emotionen, Schuldgefühle oder Schuldzuweisungen, Unbill und Unfrieden, plagen, dann hilft es euch vielleicht zu wissen, dass ihr das vorher schon geplant und miteinander abgemacht habt. Dass ihr vorher schon geplant und miteinander abgemacht habt, wem ihr wann wie begegnet. Wer euer klarster Spiegel ist, euch selbst zu erkennen und dadurch wieder die Einheit mit euch, in euch und mit allem, was ist, war und je sein wird, zu finden und in sie einzugehen. Für euren Aufstieg. In dem Wissen, dass ihr Schöpfergötter seid, gekommen, um durch eure Erkenntnisprozesse und Erfahrungen diese Ebene zu wandeln und in die Mehrdimensionalität und Verschmelzung zu führen.

Also packt euch am Schopf! Hört auf zu jammern und zu klagen! Hört auf, euch über dies und das in eurem Leben oder über diesen oder jenen Menschen zu beschweren! Geht vielmehr hoch erhobenen Hauptes den Weg der Erkenntnis auf diesem Planeten, in dem Wissen, dass ihr Schöpfergötter seid und alles, was euch begegnet, in Absprache mit eurer Seelenessenz geschieht. Es ist wirklich so einfach. Eure Seelenessenz will genau wie ihr mit und durch euch lernen, eins zu sein. In euch. Für euch. Und durch alles um euch herum. Mit allem, was ist, war und je sein wird. Immerdar und ewiglich. Für immer und ewig. Seid euch deshalb bewusst, dass das größte Lernpotenzial für inneren Frieden, für Frieden in euch, mit euch und mit allen anderen in dem besteht, worüber ihr euch am meisten aufregt. Bei was eure Emotionen am meisten hochkochen. Seid dankbar für die wunderbaren klaren Spiegel mit Personen aus eurer Umgebung, die das in euch herbeiführen können. Auch das war vorher abgemacht. Sie bieten unfassbar gute Gelegenheiten der Spiegelung.

Jetzt habt ihr die Möglichkeit, freie Entscheidungen zu treffen, kraft eures wunderbaren kosmischen Willens, mit eurer Willenskraft. Wollt ihr euch darüber aufregen und die

Spiegel von euch weisen oder sie zu euch holen und als von euch gebahnt und gemacht annehmen? Zum Lernen. Zum Erkennen eurer selbst. Für euer Schöpferdasein. Um euch in der Einheit und Unendlichkeit zu fühlen? Um unendlichen Raum zu betreten? Der unendlich freie Raum, der in euch liegt und an alles, was ist, war und je sein wird angeschlossen ist, ist der Königsweg in eure Freiheit. Aus dieser Selbsterkenntnis bahnt ihr den kosmischen Frieden auf diesem Planeten und für die gesamte Existenz, weil ihr Frieden mit *euch* geschlossen habt. Und mit allen Situationen und Personen in eurem Leben, die euch je begegnet sind. Ihr habt nun jederzeit die Möglichkeit, alles zu umarmen. Und in die Vergangenheit zu reisen. Zeit und Raum existieren nämlich nur noch in eurem Kopf. Und da sie mehr und mehr verschmelzen, könnt ihr jederzeit an einen Ort in eurem Leben reisen, auch ganz bewusst mit eurem kristallinen Lichtkörper, oder mit einer Person von früher reden und Frieden schließen, und euch entschuldigen in dem Wissen, dass ihr zu der Zeit noch so und so gehandelt habt, weil ihr es nicht besser wusstet. Weil ihr am Lernen wart. Aber jetzt wisst ihr es besser und könnt verzeihen, weil ihr euch selbst verziehen habt. Und nun könnt ihr mit offenen Armen all die Lernerfahrungen empfangen, die durch eure Urteile noch gebunden waren und deshalb nicht zu euch gelangen konnten.

Empfangt mit weit ausgebreiteten Armen den kosmischen Frieden in euch, den kosmischen Frieden mit euch und um euch herum. In dem Wissen, das ihr all das genauso zu hundert Prozent selbst in eurem Leben wolltet, Schöpfergötter, die ihr seid. Und dann wird es eine Lichtexplosion und eine Vervollständigung eurer selbst geben, die neue, abgesplittete Seelenanteile zu euch ziehen wird. Weil ihr eure Schwingung erhöht und damit das Licht bahnt. Und den kosmischen Frieden durch euren inneren Frieden gleich mit dazu. Und auch noch das Annehmen von allem was ist, war und je sein wird.

Ich freue mich so sehr! Ein wichtiger Schritt in der Entwicklung der Menschheit ist gebahnt. Ihr erkennt euch genauso an, wie ihr seid. Und ihr hört auf, eure Erfahrungen zu bedauern, wodurch sie um so leichter zu euch kommen und in euren Aufstiegs- und Erkenntnisprozess einfließen können. Dadurch bahnt ihr eure ultimative Glückseligkeit wie auch die der gesamten Existenz – in Frieden und innerer Harmonie mit allem, was ist, war und je sein wird. Von allem was ist, war und je sein wird. So bahnt ihr euer Glück.

Ich wünsche mir wieder einen kosmischen Urknall, dem die Friedensengel entsprangen, die ihr Menschenkinder seid. Dann kehrten wir alle in die goldene Kugel der All-Einheit zurück, die strahlend schön vor uns liegt und von uns gebahnt wurde. Von uns allen gemeinsam. Weil ihr es geschafft habt, aus der Trennung in die Einheit zu gehen und inneren Frieden zu finden. In euch. Mit euch. Und mit allem, was ist, war und je sein wird. Das wart ihr ganz allein.

Ihr Schöpfergötter, ein sehr wichtiges Kapitel ist geschrieben. Und ich danke diesem wunderbaren Medium dafür, dass es die Geduld und den Mut hat, so mit mir zu verschmelzen und all dies niederzuschreiben. Sie ist meine Sternenschwester, auf diesen Planeten gekommen, um ihn mit meiner und der Unterstützung anderer zu wandeln. Sie lauscht unseren Impulsen. Und lässt uns durch sie sprechen. Tausend Dank dafür.

Die kosmische All-Einheit ist gebahnt. Ich danke euch, ihr Bahner des Lichts. Meine Liebe für euch alle ist unendlich.

Einmal hin und zurück und quer durchs Universum. Auf Wiedersehen im Angesicht der Erkenntnis, wer ihr seid und schon immer wart, friedvolle Schöpfergötter. Ihr seid gekommen, um euch selbst im Außen zu erkennen und so das Innerste zu wandeln und in die All-Einheit zu führen. Von allem was ist, war und je sein wird. Mit allem, was ist, war und je sein wird. Auf Wiedersehen, ihr allerliebsten Krieger des Lichts, ihr Bahner des ultimativen Friedens und der Neuen Zeit des kosmischen All-Eins-Seins.

Kosmisches Loslassen

Ihr Lieben und Allerliebsten,

wie schön, euch zu hören. Wie schön, euch zu spüren. Wie schön, dass wir jetzt mehr denn je beieinander sein können. Ganz bewusst. Ganz und gar. Das freut mich so sehr, dass ich fortwährend Purzelbäume machen könnte. Ich bin so gespannt, wie sich das alles entwickelt. Wie *ihr* euch entwickelt und damit die gesamte Existenz.

Lasst los und lasst fließen und setzt euch bitte nicht unter Druck. All diese Zeilen dienen dazu, euren kosmischen Seelenauftrag zu bahnen, um in eure Freiheit, Einheit und Glückseligkeit einzugehen. Von allem was ist, war und je sein wird. Und nicht, um euch zu verurteilen und in die Härte zu gehen. Das braucht ihr nicht mehr. Was dient eurer Wertschätzung am meisten? Wenn ihr mit euch und euren Wünschen eins seid. Und genau das geschieht, wenn ihr mehr und mehr in Kontakt mit eurer Seele, eurer Essenz von allem was ist, war und je sein wird, eurem kosmischen Fluidum, seid. Und all das ist in euch und war schon immer da. Dieser wunderbare, unendlich wertvolle kosmische Schatz. Und erst jetzt könnt ihr ihn wahrhaft öffnen, weil alles bereit dafür ist. Ihr euch bereit gemacht habt. Und wir uns bereit machen. Mehr und mehr. Immer mehr. Um bereit zu sein.

Das kosmische All-Eins-Sein wird in die Welt getragen! In alle Welten gleichzeitig und obendrein noch zwischen die Welten. Dort, zwischen den Welten, im Nichts, kann alles entstehen. Alles, was ihr euch schon immer so sehr gewünscht habt und als Kokon in euch angelegt ist. Dieser Kokon hat jetzt einen wunderschönen Schmetterling schlüpfen lassen, der gerade das Fliegen lernt. Und er fliegt genau dorthin, wo er hinfliegen will. An die schönsten Orte, die schillerndsten Stellen, in den unendlichen Kosmos hinein.

Und gleichzeitig zu sich selbst. So bahnt ihr das Licht. Gemeinsam. Alle zusammen. Weil ihr euch um eure Seelenwünsche gesorgt und eure kosmischen Seelenanteile, die eurer Ursprungsfamilie, immer mehr zu euch geholt und euch vervollständigt habt. Mehr und mehr. Immer mehr. Wie schön. Wie wunderbar. Ich freue mich so sehr.

Das Thema dieses Kapitels ist kosmisches Loslassen. Im kosmischen Loslassen liegt der wahre Schatz. Wenn ihr nämlich wirklich und wahrhaft alles loslasst, was euch wichtig ist und euch scheinbar in dieser Welt hält, eure Definitionen von euch selbst, mit euch selbst, dann erschafft ihr neue Räume eures Seins und eures Soseins. Dann erschafft ihr eine neue Realität, die nicht mehr bestimmt wird von dem, was euch einmal gesagt wurde und was ihr bisher als gut und richtig erachtet habt. Vielmehr blickt ihr dann anders auf euer Sosein und übt euch deshalb jeden Tag im Loslassen. Ihr schaut euch jeden Tag neu an und fragt euch, was ihr wirklich in eurem Leben wollt.

Für euch selbst. Mit euch selbst. Miteinander. Und mit allem, was ist, war und je sein wird. Und in die neu erschaffenen Räume könnt ihr dann euer neu gewonnenes kosmisches Fluidum einfließen lassen und euch an seiner Schönheit erfreuen. Das seid ihr! So strahlend schön! Regenbogenfarben und funkelnd. Und dann geht ihr in euch und wisst, dass das Einstige euch nicht mehr bestimmt ist, weil ihr neue Erkenntnisse und Erfahrungen gesammelt und euch neu definiert habt. Mit euch. In euch. Und mit allem, was ist, war, und je sein wird. So soll es sein, so darf es sein.

Ich freue mich sehr über euch flexible Schöpfergötter. Jeden Tag habt ihr den Mut, euch neu anzuschauen und zu definieren. Und im Hier und Jetzt zu sein. Und von dort aus immer wieder neue Entscheidungen für euch und euer Leben zu treffen. Dabei verändern sich Zeit und Raum mehr und mehr und eure Wandlung geht immer schneller vonstatten … und dadurch habt ihr es viel leichter, durchs Leben zu gehen! Ihr erschafft euch gleichzeitig neue Räume in der dreidimensionalen Welt und in der neuen Welt. Das könnt ihr, wenn ihr wollt, indem ihr alles loslasst und immer wieder neu betrachtet. Auf diese Weise seid ihr eins mit den Frequenzen der Neuen Zeit. Dadurch geht ihr den Weg des Aufstiegs und direkt ins Licht hinein. In euch. Mit euch. Und mit allem, was ist, war und je sein wird.

Ihr bahnt das Licht auf diesem wunderbaren Planeten, der euch liebt und trägt. Ist das nicht wunderbar und großartig? Und wenn ihr euch selbst in den intensivsten Situationen eures Lebens in Liebe und Respekt anschaut und an nichts mehr festhaltet, werdet ihr auch immer den rechten Weg für euch finden. Weil ihr nicht im Außen nach etwas sucht, was nur in eurem Inneren zu finden ist. Was euch vervollständigt. Ganz und gar. Im Loslassen ist der Neubeginn inbegriffen. Beim Loslassen habt ihr die Möglichkeit, euer pures Sein, eure Essenz, wahrhaft zu spüren. Und statt euch Sorgen zu machen, was denn nach dem Loslassen kommt, lasst euch vertrauensvoll hineinfallen in den Pool neuer Erkenntnisse.

Neue Erkenntnisse bringen neue Sichtweisen. Durch neue Entdeckungen bahnt ihr neue Verbindungen. Ihr habt den Raum dafür geschaffen, euch im Angesicht eurer selbst immer wieder neu anzuschauen. Mutig und kraftvoll. Und voller Urvertrauen. Auf eure kosmische Seele zu schauen, die in Verbindung steht mit allem, was ist, war und je sein wird. Ein ums andere Mal, weil sie euch zeigt, dass ihr Schöpfergötter seid, dass ihr euch selbst achten, wertschätzen und euch um euch kümmern dürft. Im vollen Bewusstsein, dass ihr gerade euer Leben auf diesem Planeten bahnt. Und dazu gehört, dass ihr andere Schritte tut, dass ihr neue Wege beschreitet, die ihr euch vorher niemals zugetraut hättet.

Das habt ihr bestimmt alle schon einmal erlebt. Ihr werdet nicht mehr an diesem und jenem oder bestimmten Personen festhalten und euch über all das definieren. Ihr werdet im Einklang mit eurer kosmischen Seele auf eure Uressenz zugreifen – die Uressenz von allem was ist, war und je sein wird. In dem Wissen, dass das Fallenlassen in euch, mit euch und um euch herum ein Eintauchen in den kosmischen Ursprung ist, wollt ihr euch darin selbst erkennen und euch in jedem Moment eures Seins neu definieren. Es soll dazu dienen, komplett frei und in Leichtigkeit mit den Schwingungen der Neuen Zeit zu fließen. Die immer schneller schwingen. Immer mehr. Und ihr könnt euch selbst erkennen. In euch selbst. Mit euch selbst. Durch alles, was ist, war und je sein wird. Wie wunderbar.

Erkennt eure Kraft, euren Mut, eure Erkenntnis- und Entwicklungsfähigkeit, die euer ganzes Sein durchfließt. Einmal hin und zurück und quer durch euch selbst. So, wie wir gemeinsam durchs Universum, durch die Welten, fliegen werden. Hand in Hand. Im vollen Bewusstsein, wer wir sind und aus welcher Quelle wir kommen. Unterwegs an den Ort, der das größtmögliche Energiepotenzial im Universum hat. Und der das Eins-Sein mit allem, was ist, war und je sein wird in sich trägt. Die Unendlichkeit, die dich und sich selbst wiedergeboren hat. Unendliche Stille, die sich wiedergeboren hat. Ganz und gar. Voll und ganz. Und die ihre Lichtfunken, ihre Sternensaat, ausgezogen hat, um durch den Aufstiegs- und Erkenntnisprozess noch mehr kosmisches Licht zu aktivieren, freudig und voller Hochachtung und Wertschätzung. Dann ist das Experiment geglückt. Das sich selbst in allem wiedererkennt, was ist, war und je sein wird.

Bahnt euch den Weg des ultimativen Loslassens, der ultimativen Glückseligkeit. In euch. Und mit euch. Jederzeit. Weil ihr es so wollt. Und weil euer Wille das Instrument ist, das euch auf alle Wege führen kann. Über Stock und Stein. Dann schafft ihr alles, was auch immer ihr wollt. Mit euch. In euch. Und mit allem, was ist, war und je sein wird. Lasst einfach los – alles, was ist, war und jemals sein wird.

Es ist vollbracht! Der Erkenntnisprozess eures Loslassens ist gebahnt. Und dann schaut ihr hinter die Vorhänge. Nehmt alle Masken ab. Was euch scheinbar noch in diesem Leben hält und so wertvoll für euch ist, könnt ihr alles erkennen. Alles, was wirklich wichtig für euch ist. In dem Bewusstsein, dass ihr euch auch davon irgendwann wieder lösen und euch wieder selbst neu entdecken dürft. In jedem Moment eures Seins. In euch. Mit euch. Und mit allem, was ist, war und je sein wird. So soll es sein, so darf es sein.

Ich liebe euch unendlich, ihr Bahner des Lichts auf dieser Ebene. Es wird Zeit, dass ihr euch aus euch selbst heraus gebärt und jeden Moment aus der unendlichen Quelle eures Seins schöpft. Jeden Moment. Aus eurer Seele, die immer bei euch ist und schon immer da war. In euch. Mit euch. Und mit allem, was ist, war und je sein wird.

Ich liebe euch so sehr. Und ich danke euch – dafür, dass ihr mutig genug seid, euch in jedem Moment eures Seins neu anzuschauen, und dafür, dass ihr den Weg für uns alle bahnt. Und für die gesamte Existenz gleich mit. Wiedergebären und Fallenlassen, dieses Experiment wäre in dieser Art sonst nicht möglich gewesen und initiiert worden. So soll es sein, so darf es sein. Immerdar und ewiglich. Für immer und ewig.

Macht's gut. Passt auf euch auf. Und freut euch auf euren Aufstiegs- und Wandlungsprozess ins Licht, der über euer Loslassen führt. Und auf eure Erkenntnisse, die mehr und mehr zu euch kommen werden. Dann werdet ihr euch im Angesicht des Loslassens noch mehr in euch selbst erkennen. Dass ihr Schöpfergötter seid und schon immer wart. Und auf diese Ebene gekommen seid, um euch selbst über das Loslassen zu erkennen und euch in jedem Moment eures Seins wiederzufinden. Eure ureigene Göttlichkeit. Eure Seelenessenz, die alles Wissen und alle Kenntnis vom kosmischen All-Eins-Sein in sich trägt. Und je leichter euer Loslass- und Erkenntnisprozess vonstatten geht, desto mehr könnt ihr euch dem Licht hingeben. Ganz und gar. In euch. Mit euch. Und mit allem, was ist, war und je sein wird. Also lasst los und lasst gehen und euer ist das Himmelreich.

Lasst es euch gut ergehen, ihr wunderbaren Schöpfergötter. Traut euch loszulassen. So findet ihr euch immer mehr wieder. Und erfindet euch neu. In jedem Moment eures Seins. Ihr bekommt neue Erkenntnisse und bahnt das Licht, weil ihr neue Räume in euch selbst und mit euch selbst öffnet und euch dem kosmischen Licht hingebt, der Verbindung mit allem, was ist, war und je sein wird. Das kosmische Licht ist wunderschön. Das garantiere ich euch. Zeit wird's, dass wir uns glücklich und frei in der Unendlichkeit treffen.

Kosmisches Erkennen

Ihr Lieben und Allerliebsten,

heute will ich, Semjase, euch davon erzählen, wie ihr das Sternenlicht, die Sternensaat, die ihr seid, wieder und für immer zu euch holen könnt. Lasst los und lasst gehen und euer ist das Himmelreich. Öffnet euer Herz. Wenn ihr es aufmacht, öffnet ihr euch für die kosmischen Schwingungen und für all das, was schon immer in euch lag und was jetzt durch euer offenes Herz für immer geöffnet werden kann. Die verborgenen Strahlen der Ewigkeit wollen zu euch. Öffnet euer Herz, und ihr öffnet Türen und Tore, durch die der Seelencode, euer ureigener Code der Seele, fließen darf.

Durch eure Herzöffnung und Liebe, durch Respekt, Achtsamkeit und Dankbarkeit euch selbst gegenüber aktiviert ihr die Herzensflamme in euch und geht in Kontakt zu eurer Seelenessenz, die wiederum mit eurer DNA direkt in Verbindung steht. Dadurch aktiviert ihr eure ureigenen DNA-Stränge und öffnet auch sie fürs kosmische Sternenlicht. Und dann kann um so mehr der Code, der mit diesem Buch aktiviert wird und zu euch fließen darf, in eure DNA eingehen und die lange ersehnte Verschmelzung bahnen.

Breitet die Arme weit aus und empfangt das kosmische Sternenlicht, das ihr schon immer wart und das nur in Vergessenheit geraten war. Dann schafft ihr den Raum dafür, dass alles geschehen kann. Dann geht ihr in die goldene Kugel des All-Eins-Seins ein, die mit allem verschmelzen wird, was ist, war und je sein wird. Der kosmische Aufstieg von allem was ist, war und je sein wird, den bahnt ihr, den bahnt jeder Einzelne von euch! Öffnet dazu euer Herz. Habt keine Angst mehr vor eurer eigenen Größe und ureigenen Göttlichkeit, sondern empfangt. Macht euch bereit für das kosmische Sternenlicht, das euer Geburtsrecht ist. Das schon immer da war und jetzt wiedererweckt werden will. Alles, was verschüttet war, darf nun wieder von euch eingeladen und empfangen werden, alles.

Öffnet euer Herz und empfangt. Euer Leben wird so viel leichter werden, weil ihr ganz anders durch Raum und Zeit fließt, mit den Schwingungen der Neuen Zeit einhergeht und euch auf der Regenbogenbrücke ins All-Eins-Sein verströmt, wo alle Farben gleich sind. Wo keine Trennung mehr ist. Wo alles im Eins-Sein sein darf, was ist, war und je sein wird. So bahnen wir das Licht! Gemeinsam. Alle zusammen. So war es von der Quelle allen Seins, die unser aller Ursprung ist, stets geplant. Dass wir uns alle verbinden und verbünden auf Seelenebene. Für die Energie des All-Eins-Seins der Neuen Zeit. Also öffnet euer Herz, indem ihr euch öffnet in euch, mit euch und um euch herum. Ineinander. Und miteinander. Wie wunderbar und großartig! Ich freue mich so sehr, ihr Schöpfergötter!

Geboren aus dem Urgrund von allem was ist, war und je sein wird, nehmt ihr das Zepter in die Hand. Vertraut euch, ihr Schöpfergötter aus Sternenlicht. Vertraut euren göttlichen Impulsen, die direkt aus eurer Seele zu euch fließen. Fließt vorwärts, und mit dem Fließen gibt es kein Halten mehr, euch so zu zeigen, wie ihr wirklich seid. Traut euch, ihr Schöpfergötter, euch so zu zeigen, wie ihr wirklich seid. So wunderschön und großartig. Kehrt euer Innerstes nach außen und zeigt euch. Scheinbar verletzlich und doch so immens stark! Göttliche Seelen allesamt, die in den Pool unendlicher kosmischer Energie, in die Unendlichkeit, eingehen wollen, um Anfang und Ende miteinander zu verbinden. Der Kreis schließt sich. Die kosmische Kugel des All-Eins-Seins wird gebahnt. Von jedem Einzelnen von euch, der sich entscheidet, in die innere Freiheit zu gehen. In seine ureigene Göttlichkeit und innere Freiheit einzugehen und voller Würde und Respekt sich selbst gegenüber zu zerfließen. Und dabei zu verschmelzen mit allem, was ist, war und je sein wird. Wie wunderbar und großartig. Ich bin so stolz auf euch, ihr geliebten Schöpfergötter des ultimativen regenbogenfarbenen Lichtes des All-Eins-Seins!

Und gebt gut auf euch acht. Dass ihr euch nicht in der Zeit verstrickt, sondern mit der Zeit fließt. Das ist ein großer Unterschied in eurer Wahrnehmung und wird die Neue Zeit bahnen. Fließt mit den Schwingungen der kosmischen Zeit, schwebt auf ihren Schwingen. Fließt mit der kosmischen Zeit, die niemals still steht. Die stets da war, immerdar und ewiglich, die nie getrennt war von allem was ist, war und je sein wird. Ich freue mich so sehr, dass ihr euch jetzt so zeigen könnt, wie ihr wirklich seid. Dass ihr eure Seele immer mehr zu euch sprechen lasst und euch genauso annehmt, wie ihr seid. Mit allen Ecken und Kanten.

Wenn ihr das tut, bahnt ihr den Kreis und das kosmische All-Eins-Sein von allem was ist, war und je sein wird. So soll es sein, so darf es sein. Ich freue mich so sehr, ihr Schöpfergötter, geboren aus dem Licht der ultimativen All-Einheit, des kosmischen All-Eins-Seins. So sei es und so wird es sein. Immerdar und ewiglich. Für immer und ewig.

Meditation

Um dein kosmisches Sternenlicht, dein Geburtsrecht, noch mehr in deine Zellen fließen zu lassen, hier eine kleine Sternenübung für dich:

Mache dich bereit und gehe an einen wunderschönen stillen Ort, den du liebst und der dir innere Ruhe und Frieden beschert. Hier findest du innere Anbindung. Die Verbindung in dir selbst, mit dir selbst und mit allem, was ist, war und je sein wird. Immerdar und ewiglich. Für immer und ewig. So soll es sein, so darf es sein.

Und dieser Ort wird immer wichtiger für dich werden. Er kann in der Natur sein, bei einem schönen Baum, am Wasser eines Flusses oder einfach bei dir zu Hause. Wo auch immer du willst. Wie auch immer du willst. Halte diesen Ort in Ehren, an dem du dich wiederfinden darfst. Und dich immer wieder neu erfinden darfst. In jedem Moment neu. Mit allem, was ist, war und je sein wird. Bahne das Licht auf Erden. Mit mir gemeinsam.

Du bist nun an deinem wunderschönen stillen und friedlichen Ort und bahnst dein ureigenes Licht, indem du voller Respekt und Achtsamkeit in die Herzensverbindung mit dir gehst. Lausche dem Ton deiner Seele, der Sprache deiner Seele. Lausche deinem ureigenen Herzenston. Nimm Verbindung zu diesem Ton auf und lass den Ton durch dich durchfließen, der gerade kommen und sich mit deinem ganzen Sein hier auf dieser Ebene verbinden und verbünden will. Das kann ein Vibrieren sein, das du in deiner Brust spürst. Wie ein Sehnen. Ein Sehnen nach dem Licht, das schon immer in dir war und dass du nun befreien darfst. Weil du mutig genug bist, dich neu anzuschauen und dich dabei selbst zu erkennen. Dein kosmisches Sternenlicht, du Sternenwesen, das du bist. Du bist gekommen, um diesen Planeten vor dem Untergang zu bewahren, indem du diese Ebene ins kosmische All-Eins-Sein führst und alles andere gleich mit. Gehe neue Wege.

Traue dich nun, das Brummen, das Vibrieren in deinem Oberkörper; deiner Brust, an die Oberfläche zu lassen. Das kann erst mal einfach nur ein Gefühl von dir sein, eine Idee oder eine Farbe, die dir gerade in den Sinn kommt. Lass alles geschehen und bewerte nichts. Öffne dich für das Wunder, das durch dich nach außen fließen will. Hier auf die wunderbare Mutter Erde, die dich trägt und führt. Immerdar und ewiglich. Für immer und ewig. So soll es sein, so darf es sein. So verbindest du Himmel und Erde und bahnst kosmisches Eins-Sein. Das Eins-Sein von allem was ist, war und je sein wird. Mit allem, was ist, war und je sein wird. So viel Freude kommt auf, und ich bin *stolz* auf dich, meine Sternengöttin oder mein Sternengott des regenbogenfarbenen Lichts des kosmischen All-Eins-Seins.

Die Idee, das Gefühl, die Farbe oder Form lässt du jetzt aus deinem Innersten durch einen Ton an die Oberfläche hinaus, ins Außen treten. Das ist dein ureigener Grundton. Dein Herzensimpuls, der aus dem Innersten deiner Seele, deinem kosmischen Herzen, zu dir fließen will. Lass ihn hinaus und fange zu tönen an. Es kann ein leichter, feiner Ton sein, er kann aber auch aus den tiefsten Tiefen in dir hinaus kommen. Lass alles zu, was da kommen will. Was dir zeigen will, wer du wirklich bist und woher du kommst.

Ich freue mich, du Lichtbahner der Neuen Zeit. Du Sternenträger des ultimativen Lichts der All-Einheit von allem was ist, war und je sein wird. Mit allem, was ist, war und je sein wird. Lass Formen, Farben und Ideen, die aus der Mitte deines Herzens heraus zu dir sprechen, als einen Ton heraus. Als den kosmischen Urton. Deinen ureigenen Ton, der aus deiner inneren Mitte zu dir fließen will. Breite die Arme aus und empfange ihn in der ganzen wunderbaren göttlichen Fülle deines Seins. In voller Präsenz. In dem Wissen, wer du bist. Und traue dich, dich wirklich mit dir zu verbinden. Sei stolz auf dich. Dass du es geschafft hast, dich anzuschauen und eine Herzensverbindung aufzunehmen. Und mutig genug bist, dein Innerstes nach außen zu kehren und damit das Licht zu bahnen.

Benenne deinen ureigenen kosmischen Urton nicht. Es ist dein Herzenston. Lass ihn einfach klingen, lass ihn einfach sein, ohne zu werten. Er darf einfach so sein, wie er ist, und wird von dir umarmt. Empfange ihn in voller Größe deiner Präsenz und ureigenen Göttlichkeit. Lass ihn hinaus, bis er dich umgibt, bis du in ihm badest. Dann nimmst du ihn wieder auf, lässt ihn ihn durch deine Zellen strömen. Fühle das pulsierende Licht in dir, das du damit bahnst. Mit deinem kosmischen ureigenen Urton von allem was ist, war und je sein wird. Mit allem, was ist, war und je sein wird. So soll es sein, so darf es sein.

Erkenne dich in dem Ton wieder. Dein ganzes Sein, das diesen wunderbaren kosmischen Urton bahnt. Das bist du. Ganz und gar. Wie wunderbar und großartig. Und freue dich, dass du es geschafft hast, dein Innerstes nach außen zu kehren und dich in deiner ganzen Göttlichkeit und Sternenpräsenz zu zeigen. Umarme den Ton, den wunderbaren kosmischen Urton, und lass ihn wie pulsierendes Licht in deine Zellen hineinströmen und einfließen. Dann dehnst du das Licht, das kosmische Sternenlicht, über deinen ganzen Körper aus, indem du den Ton immer klarer und deutlicher durch dich hindurchlässt in all deine Zellen hinein. Du bahnst den Weg wie ein Baum mit seinen vielfältigen unendlichen Verwurzelungen und Ästen. Alles strömt und fließt durch dich hindurch und darf auch durch dich strömen und hindurchfließen. Gib dir die Erlaubnis.

Und lass alles zu, was kommen will und darf. Mit dir. In dir. Um dich herum. Immerdar und ewiglich.

Nun kehre in deine Welt zurück, in deine Existenz in der dreidimensionalen Ebene. In dem neuen Bewusstsein, wer du bist und schon immer warst. Und was alles in dir liegt, nun befreit werden will und von dir befreit wird. Ganz und gar. Vollständig. Alles.

Kehre in diese Welt zurück, indem du tief ein und aus atmest und sie mit deinem Licht und deiner Sternenpräsenz überschüttest und überfließt. Wie ein Springbrunnen aus kosmischem Sternenlicht, der diese Ebene tränkt. Ganz und gar. Voll und ganz. Atme tief ein und aus und komm bei dir selbst an. Dann nimm diesen Ton, der jetzt für immer in deinem Zellgedächtnis verankert ist, und gehe damit in deine Welt, deinen Alltag, hinein. In dem neuen Bewusstsein, wer du bist und was du schon immer warst. Und dass du das jederzeit auf diese Ebene holen und damit das Licht bahnen kannst. Das kosmische Sternenlicht. Das in jedem Moment darauf wartet, durch dich befreit zu werden und diese Existenz zu durchtränken. Auf dass sie zu dem einen göttlichen Urfunken wird, aus dem alles entstanden ist. Von allem was ist, war und je sein wird. Mit allem, was ist, war und je sein wird.

Macht diese Meditation immer wieder und erkennt euch selbst dabei. Es kann sein, dass euer ureigener Herzenston in neuer Kraft und Stärke oder in einer ganz anderen Form zu euch fließen will und wird. Lasst das alles in eurer gesamten Präsenz zu. Und lasst los und lasst fließen und empfangt alles, was da Neues aus euch, eurem Innersten, eurer tiefsten Seelenfrequenz und Sequenz, herausfließen will.

Jeder Moment ist neu und will neu umarmt werden. So auch der Ton oder die Töne, die in ihrer kosmischen Gesamtheit zu euch fließen. Und wenn euch danach ist, könnt ihr danach noch ein Bild malen, eine Geschichte oder ein Gedicht schreiben. Oder ein Liedchen komponieren. Über all das, was ihr gerade erfahren und wie ihr euch dabei gefühlt habt. Über das Eins-Sein von allem was ist, war und je sein wird. Mit allem, was ist, war und je sein wird. Wie ihr mit euch eins geworden seid, eure göttliche Seelenpräsenz hier auf diese Ebene geholt und so das Licht und die Mehrdimensionalität in der Dreidimensionalität gebahnt habt. Ich danke euch so sehr dafür, ihr geliebten Schöpfergötter des ultimativen Lichts der All-Einheit. Und nun macht es gut. Ich bin so stolz auf euch und liebe euch unendlich, ihr Bahner des Lichts der Neuen Zeit. Des kosmischen Urlichts, das wie eine übersprudelnde Quelle aus euch heraus auf diese Ebene geströmt, geflossen ist. Pures Sternenlicht, gebahnt durch euren Seelenton. Ich danke euch so sehr. Macht es gut.

Ich liebe euch unendlich, Sternensaat, die ihr seid. Einmal hin und zurück und quer durchs Weltall. Auf Wiedersehen im Licht und im Angesicht der Erkenntnis, wer ihr seid und schon immer wart. Kosmische Sternenkinder, geboren, um das Licht und das kosmische All-Eins-Sein auf diese Ebene zu holen und somit das Licht von allem was ist, war und je sein wird zu bahnen. Mit allem, was ist, war und je sein wird. Für die gesamte Existenz.

Kosmisches Wachstum

Meine geliebten Freundinnen und Freunde,

heute will ich, Semjase, euch vom kosmischen Wachstum erzählen. Das Wachstum in euch ist mit einer Pflanze vergleichbar. Sie braucht Sauerstoff zum Atmen und Nahrung und Wasser zum Leben. So wie euer Körper auch. Was sind eure Lebenselixiere für euer inneres Wachstum? Was macht euch aus? Was macht euch Freude? Wobei erstrahlt euer Herz zu voller Blüte? Was liebt ihr an dieser dreidimensionalen Ebene? Was liebt ihr zu tun? Mit wem macht ihr was am allerliebsten? Habt ihr Freunde, mit denen die Verschmelzung so stark ist, dass euer Herz überfließt? Auf eine Weise, wie ihr das bei euch selbst verspürt? Immerdar und ewiglich. Für immer und ewig. So soll es sein, so darf es sein.

Es ist so immens wichtig für euch. All das, was euch so viel Freude und Herzensöffnung bringt, was eure Seele zum Fließen und euren Körper zum Strömen und Pulsieren bringt, ist immens wichtig für euch und für euer Sein hier auf diesem wunderbaren Planeten. Oft stellt ihr euch im Alltag hintenan und schmälert euren Wert. Ich sage euch: Erkennt, dass es keinen größeren Wert als euch selbst gibt. Erkennt die größte Verankerung, die größte Freude, in euch selbst, in der Verschmelzung mit allem, was ist, war und je sein wird. Das zu erkennen und zu euch zu holen auf diese Ebene wird eure größte Freude sein. Dann wird euch bei den Dingen, die ihr liebt, das Herz aufgehen. Und ihr bedient euch der Herzensöffnung, um mit eurer Seele zu kommunizieren und euch in eurer Freude und Hingabe anzubinden und euch mit euren kosmischen Geschwistern zu verbinden. Mit euren Seelenanteilen, die nur darauf warten, alle wieder zu euch zu kommen. Dann wird eure Lieblingstätigkeit zu einem wahren Feuerwerk der Gefühle, der Freude und Hingabe für euch werden! Also nehmt eure Herzensverbindung und euer kosmisches Sein hier auf dieser Ebene wichtig. Stellt euch nicht länger hintenan! Lasst los und lasst fließen, und euer ist das Himmelreich. Fließt mit eurer Seele, die euch im Leben hierhin und dorthin führt. Und dann genießt den Moment, das Hier und Jetzt, und erfreut euch an dem, was gerade geschieht. Was gerade zu euch streben will, um euch zu erfreuen und euch eure Größe, euer gesamtes Sein zu offenbaren. Immerdar und ewiglich. Für immer und ewig.

Ich freue mich, dass ihr nun erkennt, dass eure größte Leidenschaft ihr selbst seid. Und dass euer inneres Wachstum in der Hingabe und Liebe zu euch selbst besteht, in der Verschmelzung in euch, mit euch und mit allem, was ist, war und je sein wird. Ineinander und miteinander. Ihr erstrahlt dann wie die Blüte, die schönste Rose, die ihr euch vorstellen könnt. Also holt dieses freudige Gefühl, wenn ihr tut, was ihr liebt, ganz zu euch. Holt es für immer in eure Zellen hinein. Ihr könnt euch dann auch im Alltag an den kleinen Dingen, die doch so wichtig sind, erfreuen. Ihr könnt dann auch die Dinge in eurem Leben, die Herausforderungen des Wachstums und der Selbsterkenntnis sind, ganz anders bewältigen und die Arme für alles weit ausbreiten. Weil ihr nicht mehr wertet und die Schönheit in allem erkennt. Weil ihr die Liebe und Freude über euch selbst, mit euch selbst und mit allem, was ist, war und je sein wird, zu euch holt. Ihr seid dann verbunden mit allem, was ist, war und je sein wird. Und den Anfang macht ihr über eure Leidenschaft.

Was liebe ich zu tun? Was sind meine Gaben? Was macht mich aus? Wobei öffnet sich mein Herz? Wann bin ich meiner Seele ganz nahe? Schreibt das einmal auf, wenn euch das noch nicht klar ist. Und ansonsten geht stolzen Schrittes in eurem Leben voran und macht die Dinge, die euch gut tun. Einfach so. Und nehmt euch Zeit für eure Innenschau, euer Wachstum. Eure Verbindung mit allem, was ist, war und je sein wird. Nehmt euch Zeit für eure Kontemplation. Und all das, was euch scheinbar in eurem Alltag davon abhält, die Dinge zu tun, die ihr liebt. Umarmt sie wie eure allergrößte Leidenschaft. Dann werdet ihr anders und viel leichter durch den Tag gehen und euch mehr Raum und Zeit für euch und euer inneres Wachstum kreieren, weil ihr euch für euch selbst geöffnet habt. Und euch so wichtig nehmt, dass ihr die Dinge mehr werden lasst, die euch gut tun.

Also, wie wollt ihr fortan mit euch umgehen? Wollt ihr euch zu eurer größten Leidenschaft machen und eure Freude nicht länger im Außen suchen? Das Außen kann eure Freude vermehren, aber wahre innere Freude ist es zu wissen, wer ihr seid und aus welcher wunderbaren göttlichen Quelle ihr kommt.

Die Verbindung zu allem, was ist, war und je sein wird, in euch zu spüren und durch euer Sein hier auf diesen wunderbaren Planeten zu holen, der euch nährt und trägt und zu eurem inneren Wachstum beiträgt. Der seine Schönheit euch mehr und mehr offenbart, wenn ihr euch vor euch selbst offenbart. So dass ihr im Moment euer ganzes Sein, das Hier und Jetzt, ganz anders genießen dürft.

Wahrhaftes Wachstum bedeutet, die Verbundenheit mit allem, was ist, war und je sein wird, in euch zu fühlen. Das ist wie die Sonne, die die Blume zum Wachsen bringt. Knipst eure innere Sonne der Hingabe und Liebe zu euch selbst und in euch selbst an. Seid verbunden mit der Quelle, eurer göttlichen Präsenz, die immer zu euch strömt … in euer Herz hinein, aus dem heraus ihr dann euren Alltag ganz anders lebt und liebt, was wiederum Freude und Liebe und damit das Licht auf diese wunderbare Ebene holt. Bahnt das kosmische Wachstum und die Wandlung für diesen herrlichen Einweihungsplaneten des ultimativen Aufstiegs ins Licht und lasst den Kopf nicht hängen, wenn es einmal nicht so läuft. Nehmt stattdessen Verbindung zu eurer Seele auf. Zu allem, was ist, war und je sein wird.

Dann wisst ihr wieder, wie ihr mit bestimmten intensiven Situationen in eurem Leben umgehen wollt. Dann wird eure Seele, euer gesamtes Sein, euch einflüstern, was zu tun ist. Dann ist wahres inneres Wachstum aus euch heraus möglich. Weil ihr euch nicht ablenken lasst und die Freude im Außen sucht. So soll es sein, so darf es sein.

Seid selbst eure innere Sonne, die euch zum Wachsen und zum Erstrahlen bringt. Lasst euch fallen ins Nichts, das in euch selbst liegt, und gebärt euch in jedem Moment neu. Das ist wahrhaftes inneres Wachstum und euer ureigener Initiations- und Wandlungsprozess ins Licht. Damit bahnt ihr das Licht und holt es auf diese Ebene und geht von der Dreidimensionalität in die Mehrdimensionalität. Weil ihr euch *in euch* mit allem, was ist, war und je sein wird, verbunden und euer Innerstes nach außen gekehrt habt.

Dann seid ihr für euch die größte innere Liebe und Freude und steht in Verbindung mit allem, was ist, war und je sein wird. Dann legt ihr die Saat dafür, dass ihr noch schöner und wunderbarer wachsen und die Schönheit eurer selbst, eurer Seele, betrachten könnt. Dann offenbart ihr euch selbst immer mehr und werdet auch im Außen die Schönheit immer mehr erkennen. Dann betrachtet ihr die Herausforderungen eures Alltags auch nicht länger als Hindernis, sondern nehmt sie in Freude an, weil ihr wisst, dass euch das weiter in euer inneres Wachstum führt. Und gleichzeitig nehmt ihr euch mehr Zeit für euch und seid euch so wichtig, dass ihr endlich die Dinge tut, die euer Herz erfreuen.

Ihr wisst doch: Mit offenem Herzen, Selbsterkenntnis und Selbstliebe könnt ihr auf diesem wunderbaren Planeten, eurem Ursprungsplaneten des Lichts, alles bewältigen und meistern. Ihr seid Bahner des Lichts auf dieser Ebene. Ihr könnt erstrahlen wie die schönste Blüte, die ihr euch vorstellen könnt. Wenn ihr euch wie die wunderbarste Rose in aller Zartheit und Hingabe öffnet und euch traut, euer Innerstes nach außen zu kehren und euch in Ehrlichkeit anzuschauen. Ihr seht dann, was euch ausmacht und was ihr wirklich wollt. Ihr werdet dann nichts mehr tun, was euch an eurem inneren Wachstum hindert. Ihr werdet dann neue Entscheidungen in eurem Leben treffen. Weil ihr jetzt bewusster durch den Tag geht, im

Angesicht eurer selbst. Und immer mehr wisst, was ihr wirklich für euch wollt. Und euer Umfeld euch das widerspiegelt. Das wird euer Wachstum euch zeigen.

Ich freue mich sehr und liebe euch unendlich. Und drücke euch ganz fest. Das werdet ihr im Moment vielleicht nicht spüren, aber irgendwann schon, das verspreche ich euch. Lasst euer Wachstum zu und bahnt das Licht auf dieser Ebene. Es lohnt sich. Holt durch euer Erkennen Liebe und Freude auf diese Ebene. Erstrahlt wie die allerschönste Blume und lasst damit diese ganze Ebene erstrahlen. Auf dass sie eingeht in die Unendlichkeit und sich verbindet mit allem, was ist, war und je sein wird. Der Kreis schließt sich.

Ich freue mich so sehr und bin *stolz* auf euch. Darauf, dass ihr das Licht bahnt und keine Angst mehr vor eurer eigenen inneren Größe und Göttlichkeit habt. Und davor, euch wirklich anzuschauen. Das wahre Gold liegt in eurem Inneren. Ihr seid euer größter Schatz. Und das dürft ihr immer mehr herausfinden. Das wird euren Wachstums- und Transformationsprozess beschleunigen und euch zu euch selbst führen. In Verbundenheit mit allem, was ist, war und je sein wird. Ihr werdet jetzt jeden Tag mehr strahlen und leichter und lichter werden. Und bestimmte Dinge in eurem Leben werdet ihr nun anders machen. Und mehr Liebe auf diese Ebene holen, indem ihr liebevoller und leidenschaftlicher mit euch selbst seid. Ihr werdet euch so gut versorgen und umsorgen, dass ihr wachst wie ein gigantischer Mammutbaum. Und Himmel und Erde wahrhaft verbindet. Und diese Ebene wahrlich verändert, indem ihr euch wandelt. In euch. Mit euch. Und mit allem, was ist, war und je sein wird. Ich wünsche euch ein fröhliches Auskundschaften eurer selbst, so dass ihr von nun an selbst eure größte Freude seid. Und euch damit selbst die größte Freude machen könnt.

Wir sehen uns wieder, meine Freunde, meine wunderbaren Schöpfergötter. Wie immer zwischen den Welten. Wo nichts ist und doch alles entsteht. Und wo ihr euch in jedem Moment neu gebären könnt. Viel Freude beim Wachsen und euch neu Entdecken. Auf Wiedersehen, ihr Schöpfergötter und Bahner des regenbogenfarbenen Lichtes der ultimativen Verschmelzung und des ultimativen All-Eins-Seins auf dieser Ebene. Ich liebe euch unendlich.

Kosmisches Staunen:
Wunder o Wunder

Meine lieben und über alles geliebten Schöpfergötter
des All-Eins-Seins,

ich, Semjase, will euch zu guter Letzt davon erzählen, wie es
hinter dem Schleier der dreidimensionalen Ebene aussieht.
Ich will euch zeigen, dass es sich wirklich lohnt. Dass all eure
Anstrengungen und Mühen sich lohnen, all eure Hingabe an
euch selbst und die Demut euch selbst gegenüber, die ihr auf
diesem wunderbaren Einweihungsplaneten erfahren dürft.
Wenn ihr das Tal der Dreidimensionalität durchschritten
und euch ins Sternenlicht erhoben habt, erwartet euch unendliche Glückseligkeit. Kosmisches Sternenlicht wird euch
zuteil. Kosmisches Sternenlicht dürft ihr alle erfahren und
ganz tief in eure Zellen holen und für immer in ihnen verankern. Auf dass eure Zellen nie wieder vergessen, wo ihr Ursprung liegt, und für euch den Weg des Lichts bahnen. Den
ultimativen Aufstiegs- und Verschmelzungsprozess von allem

was ist, war und je sein wird. Mit allem, was ist, war und je sein wird. So soll es sein, so darf es sein. Immerdar und ewiglich. Für immer und ewig.

Wenn ihr also hinter dem Vorhang des Vergessens die wahrhafte Realität anschaut, wird euch pures Sternenlicht zuteil. Ihr bahnt pures Sternenlicht und kehrt auch dorthin zurück. Stellt euch leuchtende, kaskadenförmige Brunnen vor, aus denen die schillerndsten Regenbogenfarben und Formen entspringen. Lichtfunken, die sich in unendliche Kristalle teilen, die regenbogenfarben glitzern und schimmern. Die Sternensaat wird gesät und kehrt zurück. Was für ein grandioses Schauspiel. Und alles, was aus dem Brunnen fließt, kehrt in absoluter Einheit, Hingabe und Frieden zu sich selbst zurück, um sich dann wieder neu in kaskadenartigen sternenförmigen regenbogenfarbenen Lichtfunken aus sich selbst heraus zu gebären. Doch wie schafft ihr es, hinter den Vorhang zu schauen und dieses wunderbare Schauspiel des Gebärens der Existenz und ganzer Planeten anzuschauen?

Indem ihr euch eures kristallinen Lichtkörpers bewusst werdet. Wenn ihr euch eures kristallinen Lichtkörpers bewusst werdet, werdet ihr immer lichter und leichter. Dieser Lichtkörper ist euer Gefährt. Ihr könnt damit reisen, wohin auch immer ihr wollt. Wann immer ihr es wollt. Bis zu dem Brunnen, der der Anfang von allem ist, was je existiert hat. Zu eurer Seelenessenz zurück. Aber ihr müsst auf euch achtgeben. Geht achtsam mit euch um, mit eurem Lichtkörper und mit Schwingung allgemein. Geht aus der Trennung in euch, mit euch und um euch herum in die Einheit von allem was ist, war und je sein wird. Am meisten mit euch selbst. In euch selbst. Und mit allem, was euch begegnet.

Wenn ihr jetzt eure Schwingung erhöht, werden euch solche kosmischen Geschenke zuteil. Ihr werdet den Anfang von allem sehen, was je existiert hat, und solche Farbenpracht und Formen, wie ihr sie noch nie gesehen habt. Dann wird euch wirklich klar werden, wo ihr herkommt. Aus diesem wunderbaren regenbogenfarbenen sternenförmigen Licht. Dem Pool der Unendlichkeit. Geboren aus dem Nichts, um in alles einzugehen und zurückzukehren. So soll es sein, so darf es sein. Immerdar und ewiglich. Für immer und ewig.

Und wie lernt ihr zu reisen? An den Ursprung von allem was ist zu eisen, von allem was war und je sein wird? Zum Anbeginn jeglicher Existenz? Es ist ganz einfach. Indem ihr auf eure Impulse hört, auf die Seelenimpulse eures Herzens – und eure Schwingung dann so weit erhöht, dass ihr immer lichter und leichter werdet. Und darauf vertraut, dass das, was ihr wahrnehmt, gut und richtig für euch ist.

Also denkt nicht mehr nach, sondern handelt. Lasst euch fallen ins Nichts, um euch aus euch selbst heraus in jedem Moment wiederzugebären. Neu zu gebären. Immer und immer wieder. Voll und ganz. Ganz und gar.

Meditation

Also mache jetzt eine wunderbare Reise zu den Sternen, die alle in dir selbst liegen:

Setze dich an deinen wunderbaren ruhigen und stillen Ort. Nimm Kontakt mit dir selbst auf, mit deiner Seelenessenz von allem was ist, war und je sein wird. Dazu legst du die Hände auf dein Herzchakra und atmest tief ein und aus. Lass deine Gedanken ziehen und in die Unendlichkeit fließen. Komme ganz bei dir an. Ganz und gar. Voll und ganz. Und verbinde und verbünde dich mit deinem Licht.

Stell dir vor, dass du nicht dein Körper bist. Dein Körper ist ein Gefährt, in dem dein Schatz, deine Seelenessenz, aufbewahrt wird, und mit diesem Gefährt kannst du wirken und Wunder entfalten. Du reist aber nicht mit deinem Körper. Es gibt Energiefelder, mit denen du reist, während dein physischer Körper schläft oder ruht. Also stell dir vor, dass der Ätherkörper, der deinen physischen Körper wie eine exakt gleich geformte Hülle umarmt, von dir wegströmt und auf Reisen geht. Das muss nicht sofort passieren. Übe das einfach mal ganz gezielt, so dass es in deinem Bewusstsein ankommt. Fokussiere dich dabei mit deinen Gefühlen auf das Licht und auf die ultimative Verschmelzung von allem was ist, war und je sein wird. Und trete in Verbindung mit dem Licht. Mit allem, was ist, war und je sein wird. Und vor allem traue dich, sämtliche Gedanken und Gefühle in dir hochkommen zu lassen.

Lass alle Sternenbilder deines Ursprungslichts zu, deiner Seelenessenz, die schon lange zu dir kommen wollen. Ganz und gar. Voll und ganz. Hab keine Angst. Du sitzt weiterhin an deinem ruhigen, stillen, beschützten Ort. Du bist weiter auf dieser Ebene. Und gleichzeitig verbindest du dich aktiv und körperlich mit allem, was ist, war und je sein wird. Mit Anfang und Ende. Der Kreis schließt sich.

Lass dabei alles aus dir herausströmen, was dich noch belastet und beschwert. Auch das lässt du ziehen. Auch die Gedanken, die immer noch an dieser Ebene festhalten und sich damit identifizieren wollen.

Gehe dann ein in dein ureigenes Himmelreich. Lass dich fallen ins Nichts und gebäre dich selber wieder, indem du ganz tief in dich hineinspürst und Bilder, Formen und Farben zulässt. Es kann dir auch gelingen, direkt mit uns in Kontakt zu treten oder uns zu sprechen. Wir werden da sein und mit dir sprechen. Du wirst uns auf jeden Fall spüren, auch wenn du uns vielleicht noch nicht sehen oder hören kannst. Stell dir vor, wie deine zweite Haut zu uns ins göttliche kosmische Sternenlicht reist und du dich sehen kannst, wie du da sitzt oder liegst. Wie du quasi aus deiner Haut herausschlüpfst und ins kosmische Sternenlicht gehst. Ganz und gar. Voll und ganz. Und wie du dich beim Zurückkehren mit all deinen neu gewonnenen Erfahrungen vom All-Eins-Sein wiedergebärst. Dann weißt du in der Tat, wo du herkommst. Der Kreis schließt sich. Anfang und Ende kehren dahin zurück, wo sie herkommen. Immerdar und ewiglich. So soll es sein, so darf es sein.

Ich bin so stolz auf dich, du Sternengöttin oder Sternengott des ultimativen Lichts des All-Eins-Seins. Du bist gekommen, um diese Ebene zu wandeln und emporzuheben ins Licht der All-Einheit von allem was ist, war und je sein wird. Dann kehrst du mit all deinen Eindrücken und neu gewonnenen Erfahrungen wieder zu dir zurück. Stell dir eine Nabelschnur aus purem Silber vor, die direkt aus deinem Herzen zu dir fließt zwischen den Sternen und dich egal, wo du bist, erreicht und zurückholt. Mit ihrer Hilfe kehrst du zurück. Stück für Stück. Ganz und gar. Voll und ganz. Bis du angekommen bist in dir.

Jetzt strecke und räkle dich. Atme tief ein und aus. Verbinde und verbünde dich wieder mit dieser wunderbaren Ebene. Deinem Heimatplaneten, der dich trägt und führt und dir alle deine Lernerfahrungen erst ermöglicht. Du bist jetzt wieder in deinem Körper angekommen und freust dich über die neu gemachten Erfahrungen und Gefühle, die in deinen Zellen und in deiner DNA verankert sind. Deine DNA ist bereit und macht sich bereit für die ultimative Verschmelzung in dem Wissen der All-Einheit von allem was ist, war und je sein wird. Mit allem, was ist, war und je sein wird. Du hast durch diese Meditation deinen ultimativen Verschmelzungs- und Wandlungsprozess zu Licht ausgelöst und darfst die Sternensaat empfangen. Auch wenn dir keine Bilder oder Gefühle erschienen sind, so hast du doch das Sternenlicht zu dir geholt. Immer und ewiglich. Für immer und ewig.

Ich freue mich so sehr, dass du dich jetzt traust, auf Reisen zu gehen, und uns besuchen kommst. Wie wunderbar und großartig. Und wenn du dann wieder zurückkehrst, lass dir Zeit. Komm ganz bei dir selbst an. Fühle deine Hände auf deinem Herzchakra und den Atem des Lebens, der durch dich fließt und dich mit dieser Ebene verbindet. Mit dem Atem all deiner Zellen durchtränkt und so deine mehrdimensionalen Erfahrungen mit dieser dreidimensionalen

Ebene verbindet. Deiner Lernebene. Kehre ganz und gar in dich selbst und zu dir selbst zurück. Sei ganz bei dir und doch wieder im Außen.

Lausche mit deinen Sinnen, was gerade da ist. Wie hört und fühlt sich dieser Planet und deine körperliche Hülle, deine Heimstatt, gerade an? Wie riecht es hier? Was siehst du vor dir? Wie fühlst du dich? Wenn du willst, schreibe deine Eindrücke und Gefühle später auf oder male ein Bild. Oder verankere in welcher anderen Form auch immer das Erlebte in dir und auf dieser wunderbaren Lernebene. Nimm dir Zeit und kehre in Ruhe zu dir zurück, bevor du all diese Dinge tust. Und fühle das Vibrieren deiner Zellen, das nun ganz und gar das Erlebte repräsentiert. Deine Zellen wandeln sich, weil der Code in deiner DNA auf ultimative Verschmelzung aktiviert worden ist. Weil du dich geöffnet hast für das Licht und damit deine ultimative Verschmelzung mit allem, was ist, war und je sein wird in dir selbst gebahnt hat. Immerdar und ewiglich. Für immer und ewig.

Ich freue mich so sehr, dass du es geschafft hast, an dich selbst zu glauben und den Weg deines ultimativen kosmischen All-Eins-Seins zu gehen. So hast du nun einen Sternenfunken von dir gesät, ein Bild im kosmischen Weltraum, eine Blaupause, ein Hologramm. Im kosmischen Gesamtzusammenhang von allem was ist, war und je sein wird. Mit allem, was ist, war und je sein wird. Staune und freue dich über deinen Mut, der dich zu diesen wunderbaren kosmischen Erfahrungen gebracht hat.

Ich freue mich so sehr, und ich bin stolz auf dich. Dass du es gewagt hast, dich in dieser Intensität anzuschauen. Und dass du den Sprung auf die anderen Ebenen des All-Eins-Seins gemacht und dich dabei selbst erkannt hast. Und dass du erkannt hast: Du bist nicht allein und du warst niemals allein. Du bist eins mit der All-Einheit.

Auf Wiedersehen im Licht der Erkenntnis, wer ihr seid und schon immer wart, ihr Schöpfergötter. Gemacht aus purem Sternenlicht, das zu sich selbst zurückkehren darf. Immerdar und ewiglich. Für immer und ewig. Der Kreis schließt sich. Und somit ist das Sternenlicht gebahnt und auf eure Ebene geholt. All das habt ihr mit eurer Achtsamkeit und eurer ultimativen Sternenmeditation gebahnt.

Gebt acht auf euch, dass ihr weiter so licht und leicht seid. Ich liebe euch unendlich. Einmal hin und zurück und quer durchs Weltall. Wir sehen uns wieder, ihr wunderbaren Schöpfergötter des ultimativen Aufstiegs von allem was ist, war und je sein wird. Mit allem, was ist, war und je sein wird. Doch bis dahin: Lebt wohl.

Es grüßt euch *Semjase.*

Aus dem Licht der Erkenntnis vom
Brunnen der All-Einheit.

Das Licht

Das Licht ist hell und klar
und breitet sich aus
in alle Galaxien.

Es scheint und leuchtet
immerdar
überall hin.

Lasse dich treffen
vom kosmischen Sonnenlicht,

auf dass der Wandel hin zum Glück
ewiglich währt.

Universen

So endlos erhebt sich der Himmel
hinauf bis ins All.
Hier erreicht er Sterne,
Gestirne und Galaxien.

Tritt ein in die Pforte zum Licht,
erreiche den Himmel bei Tageslicht.
Wann immer du zweifelst, sei dir gewiss,
der Himmel ist endlos und trifft auch dich.

So greif nach den Sternen
und hol sie zu dir.
Hol dir den Himmel auf Erden,
er liegt in dir.

Weltall

Alles ist nichts
und nichts ist alles.
All dies schaut euch an
aus der Ferne.

So verbindet euch
mit den Sternen ewiglich.
Und werdet euch eures
Göttlichen Selbstes gewahr.

Sternenkinder, von fern gekommen,
um die Sonne auf Erden scheinen zu lassen
und die Sterne vom Himmel zu holen.
So sei es, auf immerdar.

Abschließende Worte von Semjase

In diesem Buch geht es ums kosmische Verschmelzen. Um eure Verschmelzung in euch, mit euch und um euch herum. Das ist der Königsweg des Aufstiegs, der Weg, euer eigenes Licht hell strahlen zu lassen. Es ist der Weg ins All-Eins-Sein von allem was ist, war und je sein wird. Ihr braucht euch dazu nur fallen zu lassen in den Pool der Erkenntnisse, die geweckt wurden mit den Worten in diesem Buch, das Erinnerungen in euch wachrief, die verborgen und verschlossen waren.

Nun liegt es an euch, der Sprache eurer Seele zu glauben, ihr Lieben. Das Wissen, dass alles miteinander verbunden ist und schon immer war, ist wieder in euch geweckt. Ihr seid wieder mittendrin im lichtvollen Sein. Im Pool der Seelenfamilie, die sich jetzt wieder vereinen und an den Ort ihrer ursprünglichen Existenz zurückkehren kann. Ich freue mich so sehr, dass ihr den Weg dafür bahnt, ihr Lichtträger des neuen goldenen Zeitalters der ultimativen Verschmelzung von allem was ist, war und je sein wird.

Wie könnt ihr euch nun die ultimative Verschmelzung bewahren? Indem ihr zum einen an euch glaubt. An die Impulse eurer Seele. An eure Gefühle, die euch sagen, was wahr ist und was nicht. Hört auf euer Herz. Hört auf eure Gefühle, die Sprache eurer Seele. Und fokussiert auf das, was ihr wirklich in eurem Leben für euch wollt. Und tut immer mehr das, was euch gut tut, und nicht länger das, was im Außen scheinbar von euch erwartet wird. Konzentriert euch auf euch selbst. Auf euer Innerstes. Auf eure Seelenessenz. Und kehrt euer Innerstes nach außen. Traut euch, euch so zu zeigen, wie ihr wirklich seid. Wunderbar und großartig. Schöpfergötter, die gekommen sind, um diese Ebene zu wandeln, indem sie sich in sich selbst und damit in die Sterne und in alles was ist, war und je sein wird, hineinfallen lassen. Traut euch, euch in eurer ganzen Sensibilität und Feinfühligkeit zu zeigen. Erst euch selbst gegenüber, dann auch eurem Umfeld. So werdet ihr auch andere inspirieren, sich selbst anzuschauen und Kontakt mit sich selbst, mit ihrer Seelenessenz, aufzunehmen.

Seid Vorreiter der Neuen Zeit! Seid denen ein Vorbild, die immer noch meinen, sich durch das Außen von sich selbst ablenken zu müssen, weil sie so viel Angst davor haben, sich wahrhaft zu erblicken, wie sie sind. Dabei können sie so einen Schatz in sich entdecken! Wenn sie mutig genug sind, wirklich hinzuschauen und nicht länger wegzusehen.

Und je mehr ihr bei euch seid und mit eurer Seelenessenz verschmelzt, desto mehr wird euch die Einheit klar. Desto mehr könnt ihr Kontakt mit uns aufnehmen und bewusst zu uns reisen. Ich habe euch gesagt, wie es geht. In der letzten Botschaft. Ihr braucht es jetzt nur noch zu tun. Und wenn das Reisen und Verschmelzen in euch, mit euch und um euch herum nicht sofort klappt, dann gebt nicht auf. Macht weiter in dem Wissen, dass ihr Vorreiter seid und gerade für alle die Neue Zeit der ultimativen Glückseligkeit bahnt.

Eure DNA ist schon lange darauf ausgerichtet und hat nun den Schlüssel, den Code, bekommen, um sich ganz für Verschmelzung und ultimatives All-Eins-Sein zu öffnen. In eurem Körper ist es nun angelegt und kann aus euch heraus geboren werden. Weil ihr euch dazu bekannt und erkannt habt, was wirklich wichtig für euch ist. Ihr Sternenseelen, die ihr gekommen seid, um diese Ebene zu wandeln, den Weg in die Mehrdimensionalität zu bahnen und sie hier auf eurem wunderschönen Heimatplaneten, Mutter Erde, zu verankern: All das war längst geplant und lag schon lange in euch. In euren Zellen. In eurer DNA. Nun ist es so weit. Ihr habt den Schlüssel der ultimativen Verschmelzung und des Eins-Seins mit euch, in euch und um euch herum bekommen. Weil ihr euch dazu bereit erklärt habt, Sternenseelen, die ihr seid. Und weil genug von euch jetzt in dieser intensiven Zeit des Wandels eures wunderschönen Mutterplaneten und der Welt aufwachen und sich öffnen für das, was wirklich wichtig für euch ist. Für euch selbst. Für den Schatz in euch. Für eure Seelen- und Herzensverbindung in euch, mit euch und um euch herum.

Ihr werdet jetzt komplett anders nach draußen, in euer Umfeld, gehen. Ihr werdet euch jetzt trauen, euch zu zeigen, und Herzensverbindungen eingehen mit den Menschen und euren Freunden aus dem Licht des ultimativen All-Eins-Seins von allem was ist, war und je sein wird. Mit allen Freunden. Auf allen Ebenen. Durch eure DNA, indem ihr euer Innerstes nach außen kehrt. Macht euch bereit für das Licht und die ultimative Verschmelzung. In euch. Mit euch. Um euch herum. Ihr dürft nun den Code empfangen, indem ihr euch öffnet für das ultimative All-Eins-Sein. Im Licht der Erkenntnis, wer ihr wirklich seid und schon immer wart, nämlich Schöpfergötter, auf diese Ebene gekommen, um den ultimativen Aufstiegs- und Transformationsprozess zu bahnen. Seid stolz auf euch und geht hoch erhobenen Hauptes euren Weg der Erkenntnis weiter. Des ultimativen Erkennens, wer ihr seid und was ihr für euer Leben wollt. Was wirklich wichtig für euch ist. Dann seid ihr den anderen Menschen ein Vorbild, weil sie eure Glückseligkeit und hohe Schwingung ebenfalls haben möchten, um bereit zu sein, den ultimativen Verschmelzungscode des All-Eins-Seins zu empfangen. Das ist eure Wandlung ins Licht. Das ist euer Aufstieg.

Ich freue mich so sehr über euch. Und ich freue mich *für* euch. Dass ihr dahin zurückkehrt, wo ihr ursprünglich herkommt. Aus der ultimativen Quelle des All-Eins-Seins. Und ihr nehmt alle anderen dabei gleich mit. Der Kreis schließt sich. Wunderbar und großartig. Ihr wandelt diese Welt und hebt sie ins Licht empor. Dann kann sie gar nicht mehr anders, als ins Licht zu fließen und mit allem zu verschmelzen, was ist, war und je sein wird. So soll es sein. Und so darf es sein. Immerdar und ewiglich. Für immer und ewig.

Hiermit, meine geliebten Schöpfergöttinnen und Schöpfergötter, verabschiede ich mich von euch. Ich wünsche euch einen frohen Aufstieg. Lasst euch fallen in die goldene Quelle des ultimativen All-Eins-Seins, wo euer Ursprung, euer göttliches Licht, sitzt, und bahnt so den Weg für alle. Ihr wisst: Ihr seid geliebt. Ich liebe euch unendlich. Einmal hin und zurück und quer durchs Weltall. Fühlt euch umarmt und gestreichelt und einmal umhergewirbelt. Seid nicht länger so ernst. Und

traut euch, ihr selbst zu sein und alle anderen in euren Wand-
lungs- und Erkenntnisprozess mitzunehmen, so dass diese
Ebene ins Licht einkehrt. Da, wo sie hingehört. Lasst euch
fallen in den Pool eurer Erkenntnisse.

Maha Chohan ist die Bezeichnung für ein Amt, das von einem Aufgestiegenen Meister ausgeübt wird. Es bedeutet »Großer Lenker«. So wird der Hüter und Lenker der sieben göttlichen Strahlen genannt, der für eine bestimmte Zeit die Aufgabe hat, die sieben göttlichen Farbstrahlen von der Quelle zu den Aufgestiegenen Meistern zu lenken, welche sie dann an die Menschen weitergeben. Er wirkt dabei auf dem türkisfarbenen Strahl, der die Kommunikation der Menschen mit sich selbst und allen anderen auf Herzebene stärkt und sie darin unterstützt, sich von Herz zu Herz zu verbinden.

Auf den Schwingen
der Neuen Zeit

Ihr bahnt das Licht, meine Freundinnen und Freunde, das sagt euch der Maha Chohan, Strahlenträger des goldenen Regenbogenzeitalters des ultimativen Glücks, der Glückseligkeit und des Friedens, der jetzt zu euch spricht:

Ihr bahnt das Licht, und die Sternensaat findet dorthin zurück, wo sie herkommt. Ich freue mich sehr. Schon lange haben wir alle auf diesen Moment gewartet. Und dieser Moment rückt nun immer näher. Verzweifelt nicht an den großen Herausforderungen, die ihr im Augenblick zu durchstehen habt. Geht hoch erhobenen Hauptes weiter, in dem Wissen, was ihr da Großartiges tut. Nämlich diese gesamte Ebene komplett umzukrempeln und euch mit dazu. Und es wird euch leichter fallen, als ihr glaubt, erstaunlich leicht. Die Energien der Neuen Zeit sind nicht mehr auf Gegensätze gepolt. Ihr ganz persönlich, jeder Einzelnen von euch, erlebt gerade, dass bestehende Systeme bröckeln oder ganz in sich zusammen fallen. Ihr könnt euch nirgends mehr festhalten oder euch auf etwas verlassen. Daher rate ich euch: Nehmt Semjases Wissen und weisen Rat an und fließt mit der Neuen Zeit. Lasst euch ins Licht fallen, was tatsächlich bedeutet, aus dem Nichts alles zu machen.

Haltet euch vor Augen: Aus Nichts kann alles werden und entstehen. Und je mehr ihr euer Innerstes kennen, lieben und schätzen lernt, desto mehr könnt ihr auf euch selbst vertrauen und euch auf euch selbst verlassen. Auf eure Impulse. Auf die Einheit, die ihr spürt und euch immer wieder zu euch zurückführt. Dann wisst ihr, was ihr in eurem Leben zu tun habt, und ist die Situation auch noch so intensiv. Dann wertet ihr nicht, sondern findet Ruhe in dem Wissen, das dies alles einfach ein Ausdruck der Neuen Zeit ist, der Schwingungsanhebung. Dann könnt ihr loslassen und alles gehen und ins Nichts fallen lassen.

Gebiert euch weiter in jedem Moment neu, meine Schöpfergötter. Dann wird es euch gut ergehen. Dann könnt ihr auf den Schwingen und Schwingungen der Neuen Zeit wandern und wandeln. Dann öffnen sich eure DNA-Stränge und sind bereit, den Verschmelzungscode zu empfangen. Weil ihr euch bereit erklärt habt, mit der Neuen Zeit zu gehen und das mit offenen Armen anzunehmen, was ist. Vergesst niemals: Ihr seid so viel größer, als ihr glaubt. Als ihr jemals geahnt habt! Dieses Wissen ist immer bei euch, und an einem Ort könnt ihr es jederzeit finden: In eurem Herzen. In eurer Seelenessenz. In der Verbindung zu allem, was ist, war und je sein wird. Und wenn dieses Wissen wieder stark in euch ist, meditiert weiter und macht euch bereit für die ultimative Einkehr zu euch selbst.

Passt auf euch auf, lasst das Licht ganz und gar zu euch. Und freut euch auf neue Erkenntnisse und Einsichten. Freut euch darauf, die Lichtwesen der Neuen Zeit wahrhaft zu spüren, zu hören und zu ihnen zu reisen. All das ist von jetzt an möglich und wird immer leichter möglich, wenn ihr euch öffnet und euch traut, ihr selbst zu sein. Einfach nur ihr selbst. Ihr dürft an euch glauben und so das Licht in euch und um euch herum bahnen. Ihr seid Lichtträger des ultimativen Eins-Seins der Neuen Zeit: Gebt niemals auf. Lasst los und lasst fließen, gebiert euch jederzeit neu, in jedem Moment eures Seins. Immer wieder.

Ich freue mich, dass der Code zu euch kommen konnte. Das war schon lange geplant, und jetzt ist es endlich so weit. Semjase hat euch den Code gebracht. Ihr dürft ihn anwenden, ihr ultimativen Schöpfergötter des kosmischen All-Eins-Seins ins Licht! Im Angesicht der Erkenntnis, wer ihr seid und schon immer wart. Und damit verabschiede ich mich.

Gebt acht auf euch und eure Seelenessenz. Hütet sie wie einen kostbaren Schatz und schätzt eure Gefühle, die euch direkt mit dem Kosmos und mit allem, was ist, war und je sein wird, verbinden. Der Maha Chohan sprach aus dem regenbogenfarbenen Licht der Erkenntnis, wo alle Farben eins sind. Wir treffen uns in der goldenen Kugel des All-Eins-Seins, wo alles zusammenkommt und alles sein darf.

Ashtar Sheran ist ein außerirdischer Meister, der nie auf der Erde gelebt hat. Gerade in der heutigen Zeit bauen immer mehr Menschen Kontakt zu ihm auf, weil er ihnen hilft, sich für höhere Intelligenzformen zu öffnen. Er wird seit dem 18. Juli 1952 gechannelt, als er sich dem Amerikaner George von Tassel als »Abgesandter der universellen Allianz für den Frieden« vorstellte. Er machte die Menschen auch mit den Santinern bekannt, was soviel wie »Kleine Engel« bedeutet, einer Menschheitsfamilie von Alpha Centauri, die uns schon seit einigen tausend Jahren auf der Erde begleitet.

Gruß an die Erdenbewohner

Ashtar Sheran spricht, Sternenflottenkommandant einer Flotte, die die Erde beschützt. Die euch alle beschützt und in jedem Moment eures Seins bei euch ist. Heute bin ich gekommen, um euch einen kleinen Einblick zu geben, wie das Ganze funktioniert.

Ihr könnt euch diese Flotte so vorstellen, dass sie aus ganz unterschiedlichen Schwingungen besteht, aus ganz vielen Farbsequenzen. Und wenn ihr über eure Regenbogenbrücke in das Regenbogenzeitalter des ultimativen Glücklichseins und der Glückseligkeit ins All-Eins-Sein geht, dann sind wir es, die euch diesen Weg bahnen und genau das erschaffen, was euch schützt. Durch Schwingung. Wenn alle Schwingungen eins sind, heißt es bei euch, erhaltet ihr Weiß, aber das stimmt nicht: In Wahrheit erhaltet ihr Golden. Und dieses Golden ist wie ein Netz, ein Schutz. Genau das verursachen wir. Genau das richten wir aus. Diese Schwingungen, diese Sequenzen, werden von uns herbeigeführt. Es ist ein genetischer Code. Der genetische Code unterstützt das Lichtgitternetz der Erde und den Schutz der Erde.

Jetzt, in diesem Augenblick, bahnt jeder von uns eine andere Sequenz, eine andere Farbe, eine andere Schwingung. Und das auf der Grundschwingung des kosmischen All-Eins-Seins. Das ist die Ur-Schwingung. Sie hat den Ton A. Und das ist der größte Schutz: der Herzenston, dem alles andere wie eine Blüte entsprießt. Alle anderen Sequenzen.

Deshalb reist Semjase so gerne auf der Regenbogenbrücke ins All-Eins-Sein. Diese Brücke besteht aus der Schwingung, die alles entstehen lässt. Und in dem Moment, wo ihr eure Herzen mit dem Ton A für euch öffnet, verbindet ihr euch über eure Gefühle mit dem Regenbogen, mit diesen Frequenzen. Weil eure Gefühle Farben sind, Frequenzen sind. Und wenn ihr euch nicht mehr von euren Gefühlen abschneidet, sondern jede Frequenz da sein lasst und da sein darf, wo sie ist, und ihr jeder Frequenz die Erlaubnis gebt, da zu sein, dann verbindet ihr euch mit dem kosmischen All-Eins-Sein. Dann kann alles in euch, um euch und um euch herum geschehen, was auch immer geschehen soll. Dann seid ihr bereit, das kosmische Fluidum zu empfangen und hinein ins Licht, in die All-Einheit zu bahnen. So funktioniert es. Also achtet auf eure Gefühle. Ehrt sie. Drängt sie nicht länger weg.

Ich trage die goldene Kugel des All-Eins-Sein in meinen Händen. Auch sie schillert regenbogenfarben. Gleichzeitig ist sie rund und damit der Kreis, der alles umhüllt, der alles beschützt. So könnt ihr euch den Schutz dieser Ebene vorstellen. Ihr achtet auf euch, wir achten auf diese Ebene.

Euer Weltraumbruder Ashtar sprach zu euch von Herz zu Herz, von Stern zu Stern. Von Planet zu Planet. Von Universum zu Universum. Und doch ist alles eins.

Danksagung

Zunächst und zu allererst möchte ich euch lieben Leserinnen und Lesern danken, den Transformatoren der Neuen Zeit. Ich danke euch so sehr, dass ihr euch bereit erklärt habt, in dieser so wichtigen Zeit mit eurem Licht zu inkarnieren und den Wandlungs- und Aufstiegsprozess von Mutter Erde und damit des gesamten Kosmos zu unterstützen. Ihr seid alle wunderbare mutige, alte und weise Seelen! Achtet und wertschätzt euch und passt gut auf euch und euer Licht auf, wie Semjase so schön sagt. Dieses Buch kann euch dabei helfen. Seit der Niederschrift habe ich zum Beispiel beträchtlich abgenommen, und mein Körper ist erstarkt. Es hat mir so viel Heilung, Liebe und Zuversicht gebracht. Die heilsame Energie, die das Buch enthält, ist unendlich wertvoll.

Semjase ist meine Sternenschwester. Sie ist immer an meiner Seite und hat all das möglich gemacht. Dafür bin ich ihr in Liebe und Dankbarkeit verbunden. Auch hat sie viele Reisen unternommen, um uns Menschen den Schlüssel zur Dekodierung unserer DNA zu bringen und damit unser kosmisches Verschmelzen möglich zu machen.

Ich bin ihr so dankbar dafür, dass sie uns alle an die Hand nimmt und in die Neue Zeit geleitet.

Ich möchte mich aber auch bei der geistigen Welt bedanken, die seit nunmehr dreißig Jahren durch mich spricht und uns Menschen mit großer Hingabe, Weisheit und bedingungsloser Liebe dabei unterstützt, uns zu lieben, zu schätzen, zu achten und zu ehren und multidimensional zu werden. Und die uns unablässig an unsere eigene Göttlichkeit, unsere göttliche Herkunft, die Quelle allen Seins, erinnert.

Außerdem will ich meinem Verleger Michael Nagula danken, der mit unermüdlichem Einsatz und offenem Herzen all die wunderbaren Channelings seiner Autoren zu euch bringt und so die Neue Zeit mit bahnt.

Und ich danke meiner herzallerliebsten Freundin Momita, mit der ich so viele wunderbare Channelings machen darf. An ihrem traumhaften ruhigen Rückzugsort in Kroatien konnte ich entspannen, loslassen und einen Großteil von Semjases Durchsagen empfangen.

Macht weiter so, ihr Lieben, und lasst euch von nichts und niemandem mehr aufhalten, euer Licht zu verstärken. Am wenigsten von euch selbst. Und seid dankbar für das Licht, das wir alle sind. Das Licht obsiegt immer. Immer!

Herzensumarmung,

Eure Susanne

Ich bin Sprach- und Schreibmedium für Lichtwesenheiten der geistigen Welt wie Aufgestiegene Meister, Galaktische Meister, Engel- und Naturwesen. Außerdem bin ich seit 1990 als Physiotherapeutin tätig. Ich habe eine Privatpraxis in München-Schwabing, wo ich mediale Lebensberatungen, Energiebehandlungen und Life Coaching gebe. Seit 2012 mache ich öffentliche Channelings in Buchhandlungen und halte Seminare.

Für mich ist der eigene Lebensweg immer der Weg zurück zu dir selbst, zu deinem Ursprung. Dabei gibt es keine Zufälle, sondern alles ist göttliche Fügung und das Herz offenbart einem stets die Impulse der eigenen Seele für sein Leben.

Oft werde ich gefragt, wie ich denn zum Medium wurde. Es hat mit dieser Rückkehr zu tun. Mein Weg als Medium begann mit einer intensiven persönlichen Heilerfahrung, bei der ich früh die Wirksamkeit ganzheitlicher Behandlungsmethoden wie Akupunktmassage und Reiki erfuhr. Voller Begeisterung bildete ich mich darin aus und ließ mein neues Wissen in meine Arbeit als Physiotherapeutin einfließen. Und dann, bei meinen Behandlungen, wurde mir klar, dass ich den Energiefluss in Chakren und Meridianen bei den Menschen fühlen und so leicht Blockaden finden und ausgleichen kann. Dadurch bereitete ich mich unbewusst schon auf die Energien der geistigen Welt vor.

Während dieser Behandlungen entwickelten sich intensive Gespräche mit den Menschen. Das Wissen, wie sie sich heilen und mit ihrem Schicksal umgehen konnten, floss wie eine sprudelnde Quelle aus mir heraus. Sie öffneten mir ihr Herz und waren dankbar für die Impulse, die ihnen dabei halfen, die kör-

perlichen Beschwerden als Herausforderung für ihr eigenes inneres Wachstum anzunehmen und dadurch in mehr Selbstliebe und inneren Frieden mit ihrem ureigenen Heilungsprozess zu kommen. Ich freute mich mit ihnen und wunderte mich gleichzeitig, woher das Wissen zu mir kam.

Den Schritt in mein bewusstes Sein als Medium bahnte eine Freundin, die mich auf mein erstes Gruppenchanneling mitnahm. Dabei wurde mir heiß, mich überliefen Schauer und ich hatte Tränen in den Augen. Ich war tief berührt von der bedingungslosen Liebe, Klarheit und Einheit der Lichtwesenheiten. Besonders fühlte ich die immens hohe Schwingung, die mein Herz öffnete und mich direkt mit meiner Seele verband. Begeistert besuchte ich einige gechannelte Seminare und freundete mich mit einem Medium an. Sie gab mir mein erstes Channeling. Und da geschah es: Die geistige Welt kam zu mir! Ich fühlte sie sofort in mir, hörte die Botschaften und war sehr dankbar für dieses Geschenk! Mir wurde gesagt, dass ich schon in vergangenen Leben Hohepriesterin und Orakel war. Daher fiel es den Lichtwesenheiten auch so leicht, aufgrund meiner gespeicherten Emotionen und Erinnerungen in meinen Zellen eine Verbindung mit mir einzugehen.

Seitdem kann ich bewusst mit der geistigen Welt Kontakt aufnehmen, wofür ich sehr dankbar bin.

Bei einem Channeling bin ich in tiefer Meditation. Ich fühle die neue liebevolle Schwingung der Lichtwesenheit in mir, empfange ihre Worte und leite Botschaft und Energie an die Menschen weiter. Die Grundfrequenz der bedingungslosen Liebe, des Friedens, der Hingabe und Einheit ist immer gleich. Jede Wesenheit kommt in ihrer ureigenen Schwingung und Energiefarbe. Vorher weiß ich selbst nicht, wer sprechen will und was gesagt wird. Ich mache den Kanal frei, trete mit meinem Bewusstsein in den Hintergrund und lasse das geschehen, was geschehen will. Eine gute Übung des Loslassens!

In meinem ersten Buch Buch *Heilsein – Die Kraft deiner lebendigen Emotionen* beschreibt Djwal Khul, wie wichtige positive Gefühle durch Meditationen im Körper lebendig gemacht werden können. So können wir ihre Kraft in unseren Alltag fließen lassen und ein wunderbares, freudvolles und friedliches Leben führen. Ich empfing dieses Buch von der geistigen Welt, nachdem ich aus Mittelamerika nach Deutschland zurückgekommen war. Zehn Jahre lang war ich bei einer sozialen Entwicklungshilfe- und Umweltschutzorganisation tätig gewesen und hatte mich mit Natur und Mutter Erde verbunden. Und dann, 2017, hatte ich ein Nahtoderlebnis. Diese intensive Erfahrung zeigte mir, wie kostbar das Leben ist. Seitdem ist die Verbindung zur geistigen Welt noch enger geworden.

Ich bin zutiefst dankbar dafür,, mit meinen Gaben zum Heilsein der Menschen beitragen zu dürfen. Indem wir unsere Herzen für uns öffnen und auf die Impulse unserer Seele, die Emotionen, hören, kommen wir in Liebe und Einheit mit uns selbst. Da wir alle verbunden sind, fördern wir so gemeinsam das Eins-Sein und den Frieden auf Erden.

 www.susannehirsch-heilsein.de

Transformation gemeinsam erleben
Die Doppel-DVD zum 1. Deutschen Channeling Kongress

Alle Auftritte aller Referenten & Event-Bericht
Unfassbare 6 Stunden 26 Minuten Laufzeit

AMRA Verlag • Wendecover • € 24,99 • ISBN 978-3-95447-404-02

Auf diesem Kongress in Taufkirchen bei München kamen erstmals **die besten Channelmedien Deutschlands** zusammen, um die transformativen Energien der geistigen Welt zu vereinen. Alle Teilnehmer hatten zwei Tage lang die Möglichkeit, sich anzubinden und stärkende Hilfsmittel zu erhalten. Wenn wir uns als Zuschauer jetzt bei diesen Aufnahmen anbinden, können wir die sich entfaltende positive Heilenergie erfahren und wirken lassen.

Erleben Sie das Plejaden-Medium **Pavlina Klemm**, begleitet von Klangheiler **Sayama**, und **Kerstin Simoné**, die Thoth den Atlanter channelt. Schauspielerin **Sylvia Leifheit** beschreibt die Reise der Seele. **Christine Woydt**, musikalisch unterstützt von **Dennis O'Neill**, empfängt medial Übungen von Saint Germain. **Peter Herrmann** berichtet über Lichtphotonen und den Wechsel der Zeitlinien. Bei einer Talkrunde, moderiert von **Thomas Schmelzer**, sprechen **Varda Hasselmann**, **Bettina Büx** und **Siglinda Oppelt** über die praktische Arbeit eines Channelmediums. Und vieles mehr …

Seien Sie von Anfang an dabei!

Versandkostenfrei erhältlich beim AMRA Verlag, Michael Nagula, Auf der Reitbahn 8, D-63452 Hanau
Kunden-Telefon: +49 (0) 61 81 – 18 93 92 • Service: Info@AmraVerlag.de • www.AmraVerlag.de

Als Geschenk erhalten Sie auf Wunsch gratis eine 80-Minuten-CD mit 16 ausgespielten Musikstücken bekannter Künstler.